Geschiedenis van de Universiteit van Amsterdam

Peter Jan Knegtmans

AUP

Deze publicatie is tot stand gekomen met steun van het Bureau Alumnirelaties en Universiteitsfonds van de Universiteit van Amsterdam.

Afbeelding omslag: Borstbeeld van Minerva in de tuin van de Oudemanhuispoort. Foto: Dirk Gillissen

Ontwerp omslag: Suzan Beijer
Ontwerp binnenwerk: Crius Group, Hulshout

ISBN   978 94 6298 314 4
e-ISBN   978 90 4853 305 3 (pdf)
e-ISBN   978 90 4853 306 0 (ePub)
NUR   680

Voorwoord

Je ontvangt dit boek omdat je je masteropleiding aan de Universiteit van Amsterdam (UvA) hebt volbracht. Van harte gefeliciteerd met je diploma en welkom als lid van de alumnigemeenschap van de UvA. Je maakt deel uit van een fantastisch netwerk van ruim 150.000 oud-studenten van de UvA. Mensen van de meest uiteenlopende achtergronden, die een ding gemeen hebben: zij kozen ooit voor de UvA als de universiteit waar zij hun opleiding wilden volgen.

In dit boek beschrijft universiteitshistoricus P.J. Knegtmans de geschiedenis van jouw alma mater. Misschien sla je het open direct na je diploma-uitreiking, misschien pas weken, maanden of zelfs jaren later. Dat is niet erg: de geschiedenis van een instelling die binnen afzienbare tijd haar vierhonderdste verjaardag hoopt te vieren, blijft nog wel even goed. Op welk moment je dit ook leest, het is goed om iets te weten van de historie van jouw universiteit. 'Ken uw geschiedenis', zeggen mensen wel. Weet waar je vandaan komt, van welke familie je deel uitmaakt. En weten waar je vandaan komt, kan helpen om te bepalen waar je naartoe gaat. Ook de universiteit waar je een essentieel deel van je vorming hebt genoten, maakt deel uit van je identiteit.

Je leest over de oprichting in 1632 van het Athenaeum Illustre, de voorloper van de UvA. Vossius en Barlaeus passeren de revue, bekende namen, al is het maar vanwege de Amsterdamse straten die naar hen zijn vernoemd. Maar hoeveel Amsterdammers weten dat zij de eerste hoogleraren waren die in het oprichtingsjaar aan het Athenaeum werden benoemd en hun oratie hielden? Ook andere illustere 'straatnamen' komen voorbij, zoals die van de bioloog Vrolik, die al op zijn 21ste hoogleraar werd. Ook de namen Zeeman, Van der Waals en Asser komen aan bod. Niet voor niets zijn naar deze

UvA-wetenschappers universitaire gebouwen en instituten genoemd: alle drie ontvingen zij ooit de Nobelprijs.

Maar deze geschiedenis is meer dan een eregalerij. Van de schaarse instellingen die kunnen bogen op bijna vier eeuwen historie, is er geen enkele waarvan die geschiedenis uitsluitend een aaneenschakeling van hoogtepunten vormt. Iets anders wat deze geschiedenis leert, is dat discussies over de manier waarop het onderwijs wordt ingericht, de verhouding onderwijs versus onderzoek, studentenaantallen en het maatschappelijk nut van opleidingen, van alle tijden zijn. Niet om het belang van deze discussies daarmee te relativeren, maar juist om aan te geven dat het debat over de 'core business' intrinsiek is aan de ontwikkeling van de universiteit.

Als alumnus zet je nu een volgende stap in jouw persoonlijke ontwikkeling. Of je nu de arbeidsmarkt betreedt, verdergaat in de wetenschap of eerst eens de wereld gaat verkennen, ik wens je succes en wijsheid bij deze volgende stap. We leven in een wereld waarin de ontwikkelingen in alle opzichten zo snel gaan dat nauwelijks te voorspellen is waar je over tien, vijftien jaar bent en wat je dan doet. Wat het ook mag zijn, ik hoop dat je dan terugkijkend kunt zeggen: ik ben blij met de positie die ik nu heb bereikt, en mijn opleiding aan de Universiteit van Amsterdam heeft er onmiskenbaar aan bijgedragen dat ik sta waar ik nu sta.

Prof. dr. ir. Karen Maex
rector magnificus Universiteit van Amsterdam

Inhoud

Inleiding

Universiteiten veranderen voortdurend. In de zeventiende eeuw hadden de kleinste Europese universiteiten slechts een handvol studenten en hadden alleen een paar grote zoals de Leidse er soms wel duizend. In de achttiende eeuw liep overal de belangstelling voor universitair onderwijs terug en nam het aantal universiteiten af. In de loop van de negentiende groeiden de universiteiten weer en ontstonden er nieuwe. Dit proces zette zich in de twintigste eeuw in versterkte mate voort.

Hiermee veranderde de cultuur van en aan de universiteiten. Eeuwenlang voedden de Nederlandse universiteiten de geleerde stand, het deel van de bevolking dat Latijn las en sprak. In de negentiende eeuw verloor het Latijn zijn positie als voertaal van de wetenschap aan het Duits, terwijl aan de universiteiten Nederlands het Latijn verving als taal van het onderwijs. Toch behielden zij hun elitaire karakter. Studeren was nu eenmaal duur en de vraag naar academisch gevormden bleef klein. Nu is het hoger onderwijs bijna een verlengstuk geworden van het vwo en komt het Engels meer en meer op als voertaal.

Dit boekje wil in kort bestek inzicht geven in de veranderingen die zich voltrokken aan een van de Nederlandse universiteiten: de Universiteit van Amsterdam. De complicatie is dat de voorloper van deze universiteit, het Athenaeum Illustre, ook wel Illustre of Doorluchtige Schoole genoemd, geen universiteit was. Dit Athenaeum vervulde bijna twee eeuwen vooral een brugfunctie tussen de Latijnse scholen (de voorlopers van het gymnasium) en de universiteiten. Het bezat geen examenrecht, noch het recht academische graden te verlenen. Maar het werd tot het hoger onderwijs gerekend, en het onderging veel van de veranderingen die zich ook aan de universiteiten voordeden.

Een van die veranderingen betreft het onderzoek. Lange tijd bestond dit voornamelijk uit verzamelen, beschrijven, vergelijken en classificeren. Tegenwoordig proberen onderzoekers verschijnselen te verklaren. Deze omslag in doelstelling en praktijk van het onderzoek valt ongeveer samen met de ontwikkeling van de universiteit tot centrum van wetenschapsbeoefening. Tot die tijd waren universiteiten in de eerste plaats onderwijsinstellingen. Ook het onderwijs kreeg een ander karakter en nieuwe vormen. Tot in de negentiende eeuw las de docent op dicteersnelheid voor uit een collegedictaat, het *Corpus iuris* of een ander leerboek, waarna de moeilijke passages werden uitgelegd. Heel langzaam werden de colleges levendiger en met de zogeheten *privatissima* werd een onderwijsvorm geïntroduceerd waarin studenten meedachten en mee discussieerden over de behandelde stof. Bovendien is het scala van gedoceerde vakken voortdurend uitgebreid. Met deze veranderingen in onderwijs en onderzoek veranderde ook het universitaire vormingsideaal van klassieke vorming via een wat vaag nuttigheidsideaal naar wetenschappelijke vorming en academische vorming.

Ondanks alle veranderingen is één kenmerk van het Athenaeum Illustre en de Universiteit van Amsterdam ongewijzigd gebleven: hun in religieuze en politieke zin ongebonden karakter. De stadsregering gaf hiervoor al meteen bij de opening van het Athenaeum Illustre het signaal af. Er werden twee hoogleraren benoemd die door het Leidse Collegium Theologicum waren ontslagen omdat zij ervan werden verdacht afvalligen van de gereformeerde kerk te zijn. In de achttiende eeuw, in een tijd dat openbare functies nog waren voorbehouden aan lidmaten van de gereformeerde kerk, benoemde ze opnieuw soms hoogleraren van een ander geloof. De stad ging echter niet zo ver katholieken tot hoogleraar te benoemen. Dat gebeurde pas nadat het Athenaeum was verheven tot Universiteit van Amsterdam.

Minder bijzonder was dat het Athenaeum katholieken, Joden en dissenters onder zijn studenten had, want die studeerden ook aan de universiteiten. Maar het Amsterdamsch Studenten Corps demonstreerde zijn onafhankelijkheid door in 1857 een Joodse student tot rector te kiezen toen Joden in de hoofdstedelijke elite nog bepaald niet reçu waren.

Het ongebonden karakter van de UvA blijkt ook uit het feit dat (ex-) communisten en revolutionaire socialisten aan de rijksuniversiteiten werden geweerd maar in Amsterdam hoogleraar konden worden. De stad greep eenvoudig haar kansen als de gelegenheid zich voordeed. Zo werden ook rechtzinnige gereformeerden benoemd en was de UvA lange tijd de enige met een gehuwde vrouw als hoogleraar. Een gevolg van deze ongebondenheid is dat het Athenaeum en de Universiteit van Amsterdam nooit grote leveranciers van ministers en staatssecretarissen werden.

Een tweede karakteristiek van de UvA is dat ze een echte grotestadsuniversiteit is. Van oudsher zijn haar studenten wereldser dan de studenten elders in het land. In Amsterdam trokken de studenten zich minder terug in hun sociëteiten en droegen zij bij aan het culturele en politieke leven. Het Athenaeum en de Universiteit van Amsterdam waren nooit ivoren torens. Zij hebben altijd stevige banden onderhouden met de vele culturele en wetenschappelijke instellingen in de stad.

Tot slot is het vermeldenswaard dat de Universiteit van Amsterdam sinds de opening in 1877 haar naam nooit heeft gewijzigd. Dit kunnen alleen de Rijksuniversiteit Groningen en de Vrije Universiteit haar nog nazeggen.

1. Een bijzondere school in Amsterdam

Een Athenaeum Illustre

Bij al hun rijkdom waren de Amsterdamse regenten sobere lieden. Pracht en praal ontbraken bij de opening van het Athenaeum Illustre op donderdag 8 januari 1632. De internationaal befaamde geleerde Gerardus Joannes Vossius werd die dag door twee regenten thuis opgehaald en te voet begeleid naar het tot gehoorzaal verbouwde kerkje van het vroegere Agnietenklooster aan de Oudezijds Voorburgwal. Hier aanvaardde Vossius zijn ambt als hoogleraar met een openbare lezing over het nut van de geschiedenis.

Hoe eenvoudig dit begin ook oogt, er was iets bijzonders met het Athenaeum. Dit was niet dat Vossius zijn rede in het Latijn uitsprak. Latijn was de taal van het universitaire onderwijs. Het bijzondere was ook niet dat zijn collega Caspar Barlaeus, die de volgende dag zijn beroemd geworden rede 'Mercator sapiens' (De wijze koopman) uitsprak, de lof zong van de Amsterdamse stadsregering. Die gaf volgens hem blijk van wijsheid door succesvol koopmanschap en het stimuleren van de letteren en wijsbegeerte hand in hand te laten gaan. Zo konden ook aanstaande kooplieden die niet in de gelegenheid waren een universiteit te bezoeken een klassieke vorming krijgen. Het bijzondere van de nieuwe school was dat het Athenaeum het moest doen met twee hoogleraren in de *artes liberales*, de vrije kunsten die waren bedoeld tot algemene en klassieke vorming van studenten. Hiermee onderscheidde het zich van de meeste universiteiten, illustre scholen, illustre gymnasia en andere instellingen voor hoger onderwijs van zijn tijd, die van start waren gegaan met ten minste ook hoogleraren in het recht en de theologie.

Studenten waren jong, zoals te zien is op deze afbeelding van een privé college van een hoogleraar. Door P. Jansen, gegraveerd door F.H. van Hove. Detail van de titelpagina van *Medicina generalis* door professor G. Blasius (Amsterdam, 1661). Universiteit van Amsterdam, Bijzondere Collecties.

Universiteiten en illustre scholen werden bijna altijd gesticht om ambtenaren voor kerk en staat op te leiden. Zo ook de universiteit in Leuven, die anderhalve eeuw lang dé universiteit van de Nederlanden was. Opgericht in 1425 was zij een katholieke universiteit, wat vanzelf sprak, want de hele Europese wereld was katholiek. Haar studenten speelden spoedig een grote rol in het bestuursapparaat van de hertogen van het Bourgondische Rijk waaronder de Nederlanden vielen.

Leuven verloor zijn unieke positie door de Reformatie. Na een gewelddadige aanloop met beeldenstormen en een meedogenloze vervolging van ketters op gezag van de nieuwe heerser over de Nederlanden, de Spaanse koning Filips II, verenigde het merendeel van de steden in Holland en Zeeland zich in 1572 in een opstand tegen diens regering. Dit resulteerde in een scheiding tussen de Noordelijke en de Zuidelijke Nederlanden. In 1575 stichtten de Staten van Holland bij wijze van culturele onafhankelijkheidsverklaring in Leiden een universiteit die de nog niet eens formeel bestaande nieuwe staat in de Noordelijke Nederlanden moest voorzien van loyale ambtenaren en academisch geschoolde gereformeerde predikanten. Tien jaar later volgden de Staten van Friesland dit voorbeeld door in Franeker een universiteit te openen. Toen de Republiek der Verenigde Nederlanden zich consolideerde en de Spaanse troepen werden verdreven, ontwikkelde zich een stelsel van gewestelijke universiteiten – in Groningen (in 1614), Utrecht (1636) en Harderwijk (1648) – die elk in hun provincie het monopolie op het verlenen van academische graden verwierven.

Universiteiten en illustre scholen

Universiteiten bestonden sinds het eind van de twaalfde eeuw. Ze waren er in verschillende soorten en maten, en verspreidden zich over Europa totdat omstreeks 1650 verzadiging intrad. Elke universiteit had van de paus of van een wereldlijke autoriteit het recht verkregen academische graden te verstrekken. In de vroegmoderne tijd waarin de Noord-Nederlandse universiteiten ontstonden, waren de graden van magister, baccalaureus, licentiatus en doctor min of meer algemeen erkend. Even algemeen was het gebruik van Latijn in het universitaire onderwijs, het onderlinge verkeer van geleerden en in publicaties.

Veel universiteiten waren georganiseerd in colleges waarin groepen studenten of studenten en docenten samenleefden, zoals eeuwenlang de gewoonte was in Oxford en Cambridge. De meeste protestantse universiteiten waren georganiseerd in faculteiten, maar er bestonden ook mengvormen. Binnen de universiteiten genoot de theologie als moeder aller wetenschappen het meeste aanzien, gevolgd door rechtsgeleerdheid en geneeskunde. De artes stonden in deze hiërarchie onderaan. Idealiter begon een student zijn studie in deze artes. Sinds de opkomst van het humanisme in de vijftiende eeuw behoorden hiertoe Latijn en Grieks, geschiedenis, poëzie en retorica, wiskunde, natuurkunde en aanverwante vakken, (klassieke) wijsbegeerte en ethiek. Een deel van de studenten verliet de universiteit na enkele jaren in de artes te hebben gestudeerd, sommigen met de graad van magister artium. Anderen zetten hun studie voort in een van de hogere disciplines of faculteiten. Doordat de rechtenstudie tot ver in de achttiende eeuw in hoofdzaak bestond uit de bestudering van het *Corpus iuris* van het Romeins recht, en in de geneeskunde uit de studie van de werken van Hippocrates en Galenus, konden studenten gemakkelijk van de ene universiteit naar de ander reizen, en dit was lang gebruikelijk. Dankzij het Latijn vormden lands- en taalgrenzen geen belemmering.

Naast universiteiten bestonden er andere instellingen voor hoger onderwijs. Er waren priesteropleidingen en predikantenopleidingen onder toezicht van hun kerk. Bij wijze van zendingsoffensief werden in de protestantse Duitse landen, de Republiek en Scandinavië illustre scholen, illustre athenaea en academische gymnasia gesticht om predikanten en ambtenaren te vormen. De meeste hadden niet meer dan drie of vier hoogleraren: in de letteren en filosofie, theologie, rechten en soms ook geneeskunde. Zij verleenden geen graden.

Amsterdam, centrum van handel, kunsten en geleerdheid

Amsterdam was lang katholiek gebleven. De stad schaarde zich pas in 1578 achter de Opstand, dus nadat Leiden zijn universiteit had gekregen. In de halve eeuw hierna ontwikkelde zij zich stormachtig tot het centrum van de wereldhandel. Vanuit Amsterdam werden alle continenten en wereldzeeën bevaren. Door toedoen van de Verenigde Oost-Indische Compagnie (VOC) verwierf de stad het monopolie in de handel op grote delen van Azië. Zij telde meer dan honderdduizend inwoners, wat haar een van de grootste steden op het continent maakte. Dankzij de snel stijgende welvaart van een deel van deze bevolking werd Amsterdam met Rembrandt, Paulus Potter en anderen het centrum van de kunsten waaraan de Hollandse Gouden Eeuw haar internationale faam ontleent.

Amsterdam had veel scholen. Er waren 'Nederduytsche' scholen voor elementair onderwijs in lezen, schrijven en rekenen. Bij de zogeheten Franse en Duitse scholen kon men terecht voor onderwijs in rekenen, Frans, boekhouden en soms ook wiskunde, geschiedenis, aardrijkskunde en sterrenkunde. Verder waren er zeevaartscholen, en Amsterdam onderhield twee Latijnse scholen. De Latijnse scholen bereidden leerlingen voor op een universitaire studie, maar in deze tijd volgden ook aanstaande kooplieden er enkele jaren de lessen. Het door Barlaeus gelanceerde idee van de 'wijze koopman' was daarom niet zomaar een abstract ideaal.

Het tolerante klimaat in de stad droeg ertoe bij dat Amsterdam een centrum van de boekhandel werd met een aanzienlijke export. Doordat de boekhandel de hele Europese markt bediende, woonden er tal van hele en halve intellectuelen die werkten als uitgever, boekhandelaar, drukker, corrector, vertaler of tekstschrijver. De bekendste is Willem Jansz. Blaeu, wiens wereldkaarten wereldberoemd zouden worden.

Het lijkt erop dat de stad zich als intellectueel centrum verder wilde profileren. Toch is het niet waarschijnlijk dat de stadsregering een universiteit wilde stichten. De Amsterdammers wisten heel goed dat Leiden het privilege had op het verlenen van academische graden in Holland en Zeeland. Maar een gewone illustre school zoals in Harderwijk (die in 1648 zou worden verheven tot universiteit) of Deventer wilde de stad evenmin. Amsterdam wilde een veel publieker soort instelling die geleerden uit de hele wereld zou trekken en die studenten ertoe zou verleiden op hun Grand Tour langs bekende universiteiten ook Amsterdam aan te doen. Daarom had het beroemde professoren nodig. Dit lukte met Vossius, die voor veel geld naar Amsterdam werd gehaald. Barlaeus, die als een soort stadsdichter publieke en semipublieke plechtigheden met een lofdicht of rede opluisterde, droeg op zijn eigen manier bij aan Amsterdams luister. Daarom hoopte de stad de wereldberoemde jurist Hugo de Groot en de grote Italiaan Galileo Galilei aan zijn Athenaeum te verbinden, wat in beide gevallen mislukte. Daarom gaven Barlaeus om 9 uur en Vossius om 10 uur 's ochtends in de Agnietenkapel dagelijks college voor een gehoor van studenten, kooplieden, dokters, advocaten, ambitieuze jongeren die hun gezicht wilden laten zien en passanten die de stad aandeden. Vossius trok daadwerkelijk geleerden naar de stad. Hij werd overstroomd door bezoekers en zette Amsterdam op de kaart als stad van geleerdheid.

Het Athenaeum als propedeutische instelling

Hoe belangrijk de openbare lessen ook waren, de oprichting van het Athenaeum was door de burgemeesters gelegitimeerd met de behoefte die ouders van Amsterdamse studenten aan een dergelijke instelling zouden hebben. Leerlingen waren dikwijls nog geen zestien jaar oud als zij van de Latijnse School kwamen. Men vond dit te jong om ze aan het ouderlijk toezicht te onttrekken en naar een universiteitsstad te sturen. De vrees bestond dat zij daar tot losbandigheid zouden vervallen. Bovendien vonden de hoofden van de Latijnse scholen dat de leerlingen de filosofie onvoldoende beheersten om met succes de colleges aan een universiteit te kunnen volgen. Het Athenaeum moest een brug vormen tussen de Latijnse school en de universiteit.

Amsterdam bood zijn studenten geen privileges zoals vrijdom van accijnzen op alcohol en op de import van boeken, waarmee menige universiteitsstad studenten probeerde te trekken. Daarom was het niet nodig vast te stellen wie wel en wie geen student was en werden studenten niet ingeschreven. Het gevolg is dat niet bekend is wie aan het Athenaeum hebben gestudeerd. Heel veel studenten kan het niet hebben gehad, want dan zou de stad zich er zeker op hebben laten voorstaan. Amsterdam maakte goede sier met zijn hoogleraren, maar over studenten werd met geen woord gerept. Toch zijn er wel namen van studenten bekend: uit brieven van de professoren, uit biografieën, en vooral uit bewaard gebleven gedrukte disputaties en oraties van studenten als Burchard de Volder en Nicolaas Witsen. Dit tweetal zette de studie voort in Leiden. Ook andere studenten van wie bekend is dat zij enige tijd in Amsterdam studeerden, gingen vervolgens naar Leiden of Utrecht, soms naar Franeker of Harderwijk.

Humanisten, cartesianen en spinozisten

De geleerdheid die bij de opening van het Athenaeum werd gedoceerd, was de humanistische. Bij de humanisten van en na de Renaissance was de belangstelling en bewondering voor het pure, klassieke Latijn en Grieks, voor de werken van de grote denkers en schrijvers van de klassieke oudheid en voor de Bijbel herleefd. Tegelijkertijd stonden zij open voor de eigentijdse ontdekkingen van nieuwe continenten, volkeren, planten, dieren en hemellichamen. Al dit nieuws probeerden zij in te passen in het aristotelische wereldbeeld. In de wereld van Aristoteles had alles zijn plaats, zin en doel, en werd elk object beheerst door 'natuurlijke neigingen' en 'ingelegde krachten'. Deze natuurfilosofie was voor christenen aantrekkelijk omdat zij aansloot bij het geloof dat de natuur en het leven beantwoordden aan Gods wil.

Het ging humanistische geleerden in de beoefening van hun wetenschap om de vervolmaking van het werk van de klassieken. Het onderwijs aan de vroegmoderne universiteiten en illustre scholen draaide om reproductie van kennis, niet om vermeerdering ervan of om het doen van onderzoek of iets wat daarop leek. Het wilde de studenten beheersing van deze klassieken bijbrengen, in goed Latijn en met een elegante retoriek. Studenten oefenden zich hierin door het houden van Latijnse oraties, en door het disputeren. Deze disputaties of stellingen met een toelichting werden meestal door de hoogleraar geschreven. Voor studenten was het de kunst deze stellingen in het openbaar in het Latijn te verdedigen.

In zijn openbare colleges doceerde Barlaeus over Aristoteles. Vossius behandelde de pre-Romeinse en Romeinse geschiedenis, waarbij hij analogieën zocht met zijn eigen tijd. Thuis gaven zij tegen betaling private lessen aan hun studenten. Beiden zagen liever niet dat werd afgeweken van de klassieken en van de consensus in de kerk en zij hadden grote moeite met de korte tijd door de jonge wiskundige Martinus Hortensius aan het Athenaeum gedoceerde moderne heliocentrische opvatting van Copernicus en Galilei, volgens welke de aarde om de zon draait.

Na de dood van Barlaeus (1648) en Vossius (1649) raakte het openbare onderwijs in de Agnietenkapel in het slop. Bij hun leven hadden zij gezelschap gekregen van enkele hoogleraren die te kort bleven of niet interessant genoeg waren om publiek te trekken. Hun opvolgers Johannes Klenck en Arnoldus Senguerdius (beiden benoemd in 1648), en de wiskundige Alexander de Bie (1654), verlegden het accent door van openbare disputaties door hun studenten het uithangbord van hun onderwijs te maken.

Ook onder Barlaeus en Vossius was al gedisputeerd, maar uit deze tijd zijn geen disputaties bewaard gebleven, mogelijk omdat ze niet werden gedrukt. Doordat De Bie, Klenck en Senguerdius ze lieten drukken, is bekend waarover zij doceerden. Veel disputaties waren besprekingen van het werk van Aristoteles, bijvoorbeeld van zijn stelling dat vuur, als lichtste van de vier elementen, afkomstig is uit de hoogste regionen van het ondermaanse. Voor de studenten was dit geen uitgemaakte zaak meer. Gewild waren ook disputaties over kometen. Uit deze disputaties valt op te maken dat de studenten op de hoogte waren van de modernste theorieën, maar dat zij die bestreden. Kometen bewogen zich volgens de studenten nu eenmaal volgens Gods wetten, al waren dit niet noodzakelijk hun eigen opvattingen. Veel disputaties werden immers geschreven door de hoogleraren.

Het is opvallend hoe traditioneel dit onderwijs was in een tijd van wetenschappelijke ontdekkingen en nieuwe inzichten die voor een deel via Amsterdam hun weg de wereld in vonden. In de Amsterdamse disputaties ontbreekt het gedachtegoed van Descartes. Aan de Nederlandse universiteiten werd zijn werk in de jaren 1640 en 1650 met overgave bediscussieerd. In Leiden en Utrecht ontaardden deze discussies in ruzies waarbij het meubilair door de collegezalen vloog en hoogleraren op straat door studenten werden beschimpt. Deze 'cartesiaanse oorlogen' gingen over Bijbelse en klassieke zekerheden, die door Descartes ter discussie waren gesteld. Hij had twijfel uitgeroepen tot het begin van alle filosofie en verklaarde natuurverschijnselen met behulp van een stelsel van wiskundig geformuleerde hypothetische natuurwetten. God was bij hem gereduceerd tot de kracht die deze natuurwetten in beweging had gebracht.

Het cartesianisme kreeg aan het Amsterdamse Athenaeum pas omstreeks 1670 een officieel fiat met de benoeming van de cartesianen Johannes de Raey en Louis Wolzogen. Wolzogen had zich kort tevoren in een publicatie tegen het spinozisme gekeerd. Hij wilde voorkomen dat de theologie ondergeschikt werd aan de filosofie. Want dat was de consequentie van de natuurfilosofie van Spinoza, die geen bovennatuurlijke God erkende, maar God en de natuur liet samenvallen. Het openlijk uitdragen van deze gedachte was in de Republiek verboden. Het is onwaarschijnlijk dat dit aan het Athenaeum werd behandeld.

Het Athenaeum en de stedelijke politiek

In het laatste kwart van de zeventiende eeuw werd het Athenaeum opgetuigd tot een instelling met het aanzien van een universiteit. Het Rampjaar 1672, toen een deel van de Republiek door Franse en Duitse legers werd bezet, had een eind gemaakt aan de rivaliteit tussen verschillende groepen regenten. Na enige tijd verminderden ook de telkens opnieuw opspelende spanningen tussen kerk en stadsregering. Voortaan hield de stad zich buiten de meeste kerkelijke zaken, terwijl van de kerk werd verwacht dat zij zich neerlegde bij het gezag van de regenten in wereldse zaken.

Nu het gevaar was geweken dat stad en kerk elkaar in de haren vlogen over de richting in de kerk waartoe een hoogleraar in de theologie behoorde, kon er in 1686 voor het eerst een worden benoemd. Het Athenaeum had al hoogleraren in de rechten en in de geneeskunde – de toestemming die professor Gerardus Blasius in 1669 kreeg om met zijn studenten enkele bedsteden in het Binnengasthuis te bezoeken, geldt als het begin van de academische geneeskunde in de stad. Met acht hoogleraren deed het niet onder voor de kleine universiteiten in Franeker en Harderwijk. Maar in vergelijking met de Leidse universiteit, een van de grootste en beste in de protestantse wereld, bleef het Athenaeum een nietige instelling.

De uitbouw van het Athenaeum tot universiteit in zakformaat (nog altijd zonder examenrecht) is waarschijnlijk het werk geweest van de burgemeesters Johannes Hudde en Nicolaas Witsen. Beiden waren geleerden van aanzien, Hudde als wiskundige, Witsen als Ruslandkenner. Maar na 1700 verloren zij hun invloed in de stedelijke politiek. De gevolgen voor het Athenaeum waren goed zichtbaar. Hoogleraren werden na hun dood niet opgevolgd, leerstoelen werden opgeheven. In 1729 was er uiteindelijk geen enkele hoogleraar meer en nog slechts één lector, in de zeevaartkunde.

Kort hierna werd een nieuwe start gemaakt met drie hoogleraren: één in de letteren, geschiedenis en welsprekendheid, één in de rechten en één in de oosterse (lees: semitische) talen. Hiermee keerde het Athenaeum terug naar zijn functie van brug tussen Latijnse school en universiteit.

Tot aan het laatste kwart van de achttiende eeuw kwamen er soms leerstoelen bij en verdwenen andere, maar in grote lijnen behield het Athenaeum zijn propedeutische functie. Naast de voorbereiding van studenten op een universitaire studie herkreeg het zijn publieke functie. Dit betekende niet dat er als in de dagen van Vossius en Barlaeus weer openbare colleges werden gegeven in de Agnietenkapel. Daar bleef het stil. Maar de meeste professoren waren lid van de een of meer van de vele letterkundige en geleerde genootschappen in de stad, waar zij geregeld lezingen verzorgden.

Het boegbeeld van het Athenaeum halverwege deze eeuw was de neohumanist professor Petrus Burmannus Secundus, latinist, dichter en orator en hoogleraar in Amsterdam vanaf 1742. Terwijl de universiteiten in de Republiek en de protestantse Duitse landen meer en meer instellingen werden waar studenten de propedeutische vakken oversloegen en direct in het recht, de theologie of de geneeskunde begonnen om een graad te behalen, bleef het Athenaeum onder Burmannus' invloed een school waar studenten volgens de humanistische beginselen werden gevormd. Zij bestudeerden er het werk van de klassieke auteurs en redenaars en leerden dit imiteren en parodiëren. Voor proefondervindelijk onderzoek, dat vanaf het eind van de zeventiende eeuw aan de universiteiten opkwam, hadden de hoogleraren aan het Athenaeum heel lang geen oog.

Universitaire allure?

Aan Burmannus' Athenaeum kwam een eind in 1771, toen de ambitieuze jonge jurist Hendrik Constantijn Cras hoogleraar in de rechten werd. Hij vormde het Athenaeum om tot een instelling die studenten voorbereidde op een academische graad. Hij koos voor zijn colleges de dagen en uren van Burmannus Secundus, die altijd laat vanuit zijn zomerverblijf naar Amsterdam terugkeerde. Zo kaapte Cras de meeste studenten voor Burmannus' neus weg. Hij gaf deze studenten alle voor hun studie benodigde juridische vakken, inclusief colleges in het Nederlands over oud-Hollands recht. Bovendien liet hij zijn beste studenten na afloop van hun studie disputeren. Dit disputeren was net als de studie in de artes in de protestantse landen in onbruik geraakt. Cras gaf er een nieuwe draai aan. Hij liet de studenten zelf een verhandeling van enkele tientallen pagina's schrijven over een historisch, filosofisch of juridisch onderwerp, bijvoorbeeld over de vraag of Julius Caesar terecht door Brutus was gedood. Alsof het een echte promotie was, verdedigden de studenten, bijgestaan door twee paranimfen, in de Agnietenkapel hun werk voor een gehoor van studenten, dokters, advocaten, regenten en andere familieleden. Cras zorgde voor de publiciteit. De meeste van deze studenten promoveerden enkele weken later in Leiden of Utrecht op stellingen tot meester in de rechten.

Van Cras' ambtgenoten deed alleen de theoloog J. van Nuys Klinkenberg iets vergelijkbaars. Met de hoogleraar in de semitische talen en bijbelexegese D.A. Walraven maakte hij van het Athenaeum een kweekschool die de stad, het land en de koloniën van predikanten voorzag. Als instituut leek het Athenaeum zo de allure van een universiteit te krijgen. Van een universiteit in moderne zin was echter geen sprake. Weliswaar werden publicaties en inzendingen op prijsvragen van Cras en enkele van zijn ambtgenoten bekroond, maar van Walraven en zijn voorganger H.A. Schultens werd gezegd dat zij de 'Duitse publicatiedrift' laakten.

Academische graden

Het doctoraat is in Nederland lang de belangrijkste graad geweest. Wie in de rechten promoveerde, kreeg de titel juris utriusque doctor (doctor in de beide rechten, J.U.D.). Het doctoraat in de geneeskunde heette medicinae doctor (M.D.) en dat in de theologie theologiae doctor (Theol. Dr.). Overigens behaalden de meeste theologen geen universitaire graad. Zij legden om predikant te kunnen worden een kerkelijk examen af. Juristen en geneesheren daarentegen hadden de doctorstitel nodig om zich als advocaat of geneesheer te kunnen vestigen. Wie promoveerde in de artesfaculteit, kreeg de graad van magister artium, later die van artium liberalium magister & philosophiae doctor (A.L.M. & Ph. Dr. of ook wel L.A.M. & Ph. Dr.). Baccalaureaten en licentiaten zijn zelden of nooit verleend en andere examens dan het toelatingsexamen tot de promotie kenden de Nederlandse universiteiten tot 1815 niet.

Na 1815 kwamen er nieuwe doctoraten bij voor medici, juristen en voor afgestudeerden in de twee propedeutische faculteiten, alle met Latijnse namen. Voor theologen veranderde er niets. Na de invoering van het artsexamen in 1865 was het voor artsen niet meer nodig te promoveren om zich te mogen vestigen.

Van 1877 tot 1921 had elke studierichting een eigen doctoraat. In 1921 werd dit beperkt tot één doctoraat per faculteit en
tegenwoordig is ook dit losgelaten en promoveert de kandidaat
tot doctor, zonder enige toevoeging.

Juristen mochten zich tot 1921 pas meester in de rechten
noemen wanneer zij waren gepromoveerd. In 1921 werd het
civiel effect gelegd bij het doctoraalexamen. Wie dit behaalde
in de rechtenfaculteit mocht zich meester (mr.) noemen. In de
andere faculteiten werd de afgestudeerde doctorandus (drs.).
Afgestudeerden van de Landbouwhogeschool en de Technische
Hogescholen kregen de graad van ingenieur (ir.). Deze titels
gaven toegang tot de beroepen waarvoor een wetenschappelijke
opleiding vereist was.

De titel van doctorandus wordt niet meer verleend. Na het
behalen van het bachelor- en het masterexamen kan de afgestudeerde zich bachelor of master noemen. In de rechten zijn dat de
titels van bachelor en master of laws (LLB en LLM), in de geesteswetenschappen bachelor en master of arts (BA en MA) en in de
overige vakken bachelor en master of science (BSc en MSc).

2. Het Athenaeum tussen stad en staat, 1795-1860

Een hybride instelling

Met de verovering van de Republiek door Franse troepen in januari 1795 brak voor het Athenaeum Illustre een langdurige periode van onzekerheid aan. De vanuit Frankrijk gesteunde Bataafse Revolutie die op de verovering volgde, bracht een machtsstrijd met zich mee tussen democraten en moderaten en tussen federalisten en unitarissen, de voorstanders van een eenheidsstaat. In de radicale fase van deze omwenteling werd de oude federatie van autonome gewesten omgevormd tot eenheidsstaat. De vraag was of deze staat beschikte over voldoende middelen om vijf universiteiten in stand te houden. Was er wel behoefte aan zo'n grote verscheidenheid in het hoger onderwijs? De onzekerheid werd versterkt doordat de greep van Parijs op de ontwikkelingen in de Bataafse Republiek steeds groter werd. Zo moest de republiek in 1806 plaatsmaken voor het Koninkrijk Holland, dat een broer van keizer Napoleon als koning kreeg. Vervolgens werd dit koninkrijk in 1810 ingelijfd in het centralistische Franse keizerrijk, met alle gevolgen van dien.

De dubbelrol die het Athenaeum vervulde, droeg niet weinig bij aan zijn onzekere positie. Het was er voor studenten, voor de stad en voor de burgerij, maar zijn nationale belang was beperkt. Het bereidde studenten voor op een studie in een van de hogere faculteiten. Alleen de professoren Cras en Van Nuys Klinkenberg tilden hun onderwijs boven dit propedeutische niveau uit. Het onderwijs van Andreas Bonn, hoogleraar in de anatomie en heelkunde, was bedoeld voor de niet-universitair gevormde heelmeesters of chirurgijns, de zogeheten tweede medische stand. De eerste medische stand van aan een universiteit gepromoveerde geneesheren sneed

De collegezaal van het Athenaeum Illustre, waarschijnlijk tijdens de verdediging van een disputatie. Detail van een gravure door P. Fouquet, uit *103 Afbeeldingen van de wydvermaarde koopstad Amsterdam* (Amsterdam, 1783). Universiteitsbibliotheek van Amsterdam.

niet. Geneesheren deden weinig meer dan de patiënt in de keel kijken, zijn pols voelen en zijn pis bekijken, besnuffelen en proeven, waarna zij een recept uitschreven. Bevallingen lieten zij over aan de vroedmeesters en vroedvrouwen, het snijden aan de chirurgijns. Bonn verwierf aanzien door zijn pogingen het niveau van deze chirurgijns te verbeteren. Aan het Athenaeum had hij slechts een nevenfunctie.

Van Jean Henri van Swinden, een andere grootheid aan het Athenaeum, is het niet zeker of hij in de eerste plaats was aangetrokken om te doceren. Van Swinden was een geleerde met internationaal aanzien en een groot netwerk, dat hij dankte aan zijn systematische en nauwkeurige waarnemingen van magnetisme, elektriciteit en meteorologie. De resultaten publiceerde hij in binnen- en buitenlandse tijdschriften en verscheidene van zijn inzendingen waren bekroond door buitenlandse wetenschappelijke genootschappen. Maar door een ongelukkige proefopstelling miste hij de ontdekking van de invloed van elektriciteit op magnetische krachten.

Van Swinden was hoogleraar geweest in Franeker. Vermoedelijk haalde de stadsregering hem naar Amsterdam om de stad van advies te dienen bij technische en zeevaartkundige problemen. Eenmaal hier kwam Van Swinden nauwelijks meer aan zijn vroegere onderzoek toe, omdat telkens een beroep op hem werd gedaan. Hij schreef nog wel een veel herdrukt meetkundig leerboek, maar publiceerde in Amsterdam vooral rapporten, zoals over het nog altijd niet opgeloste probleem van de lengtebepaling op zee. Hij gaf geregeld lezingen voor een breed publiek en verpersoonlijkte zo het hybride karakter van het Athenaeum. Zijn netwerk zou voor de stad en het Athenaeum van grote betekenis blijken.

Het Athenaeum in last

In Amsterdam was in 1795 een vergadering van 'provisionele representanten van het volk van Amsterdam' benoemd die fungeerde als voorlopige stadsregering. Allengs werd duidelijk dat er niet veel meer te regeren viel omdat de stad haar autonomie kwijt was. Enerzijds stond de 'gemeenteraad' onder druk van snel radicaliserende wijkvergaderingen waarin ook een aantal Amsterdamse studenten korte tijd actief was. Anderzijds werd de Amsterdamse autonomie beperkt door de regering in Den Haag.

In deze chaos kreeg willekeur soms de overhand. In 1796 werd de 21-jarige, nog niet eens afgestudeerde geneeskundestudent Gerardus Vrolik benoemd tot hoogleraar in de botanie, wat wonderlijk genoeg gunstig zou uitpakken. Tegelijkertijd werden er hoogleraren op politieke gronden ontslagen. In

Amsterdam overkwam dit Cras en Van Nuys Klinkenberg, al werd Cras spoedig in zijn functie hersteld.

Een belangrijke verworvenheid van de Bataafse omwenteling was de scheiding van kerk en staat. Joden kregen het burgerrecht en publieke functies waren niet langer voorbehouden aan lidmaten van de gereformeerde kerk. De scheiding veroorzaakte echter ook problemen. Want wie moest de predikanten bezoldigen, nu dit niet meer uit de overheidskas kon? En wie betaalde het salaris van de hoogleraren in de theologie? Na enkele politieke verschuivingen in Den Haag kregen de hoogleraren in de theologie hun positie terug en betaalde de overheid ze weer.

Intussen heerste in het gekozen parlement van de Bataafse Republiek de mening dat één universiteit voor het hele land volstond: in Leiden. Tot verwezenlijking van deze opvatting kwam het niet, hoewel de discussie over reorganisatie van het hoger onderwijs niet verstomde. Van Swinden zou hierin een grote rol spelen.

Van Swinden was – niet geheel vrijwillig – vanaf 1795 belast met de ene belangrijke functie na de andere en zelfs enige tijd lid van de centrale regering van het land. In Frankrijk had hij groot aanzien verworven door zijn optreden op een conferentie over het metrieke stelsel, in 1798 en 1799. De conferentie was bedoeld om de standaard van de meter te bepalen, en het idee was dat dit een internationale standaard zou worden. Wat zou mooier zijn dan deze standaard onder leiding van een buitenlander te laten vaststellen? De keus viel op Van Swinden en zo kwam hij aan de bijnaam 'peter van de meter'.

In het Koninkrijk Holland kreeg Van Swinden de opdracht een koninklijk instituut voor wetenschappen te ontwerpen, en hij leidde een commissie die de reorganisatie van het hoger onderwijs moest voorbereiden. In zijn advies bepleitte Van Swinden het behoud van alle vijf universiteiten, zij het dat zij meer moesten worden ingericht naar het voorbeeld van de moderne Duitse universiteiten in Halle en Göttingen. Daar werden in het Duits nieuwe vakken gedoceerd zoals diplomatie, aardrijkskunde en 'kameralistiek' (een vroege vorm van staathuishoudkunde en bestuurskunde). Ook de illustre scholen in Amsterdam en Deventer konden zijns inziens behouden blijven. Zij moesten hun onderwijs richten op wat voor die steden van belang was, met Nederlands als voertaal.

Het is duidelijk dat Van Swinden voor dit advies behalve naar Duitsland ook goed naar de nieuwe dagelijkse praktijk van het Athenaeum heeft gekeken. Dit had er na de opheffing van het chirurgijnsgilde in 1798 een taak bij gekregen. Het gilde was verantwoordelijk geweest voor de opleiding van de chirurgijns of heelmeesters. Dit stelsel met enerzijds geneesheren en anderzijds heelmeesters was echter achterhaald. In Londen en Parijs was heelmeester al een vrij beroep waaraan hoge opleidingseisen werden gesteld. In Amsterdam namen enkele professoren van het Athenaeum het onderwijs aan toekomstige heelmeesters over. De kwaliteit van dit onderwijs steeg aanzienlijk doordat professor Vrolik in zijn colleges verloskunde een houten bekken met scharnierende onderdelen en een pop met een elastisch hoofd introduceerde. Intussen bleef de scheiding tussen geneesheren en heelmeesters in stand.

De toeloop van leerling-heelmeesters en leerling-apothekers droeg ertoe bij dat het Athenaeum meer studenten had dan de universiteiten in Franeker, Groningen, Harderwijk of Utrecht. Dit is bekend omdat sinds 1799 werd bijgehouden wie in Amsterdam studeerden. In dit jaar was veel jongemannen de schrik om het hart geslagen toen Engelse troepen in Noord-Holland aan land waren gezet om de Fransen te verdrijven, en voor hen dienstplicht dreigde. Zij werden hiervan vrijgesteld wanneer zij als student stonden ingeschreven.

Een keizerlijk decreet en een koninklijk besluit

Na de inlijving van het Koninkrijk Holland bij Frankrijk in 1810 was Van Swindens advies niet meer van belang. In Frankrijk stond het onderwijs sinds 1808 van laag tot hoog onder toezicht van de Keizerlijke Universiteit. Deze Keizerlijke Universiteit reorganiseerde het hoger onderwijs in de Nederlandse arrondissementen ingrijpend. Nu bleken de roem en de relaties van Van Swinden beslissend. Bij het bezoek van keizer Napoleon aan Amsterdam werd op zondag 13 oktober 1811 van alle aanwezige hoogleraren alleen Van Swinden aan hem voorgesteld. Blijkbaar had zijn naam bij de keizer een belletje doen rinkelen. Hij vroeg Van Swinden: 'Que désirez-vous?' Gevat antwoordde deze: 'Sire, que Votre Majesté daigne conserver l'Athénée sur le pied actuel', waarop de keizer hem had gerustgesteld met de woorden: 'Cela ne souffrira aucune difficulté.'[1]

Napoleon hield min of meer woord. In een niet veel later uitgevaardigd keizerlijk decreet werd bepaald dat de universiteiten in Leiden en Groningen hun universitaire status behielden. Daarentegen werden de universiteiten in Franeker en Harderwijk en het Athenaeum in Deventer opgedoekt. De universiteit in Utrecht en het Amsterdamse Athenaeum werden gedegradeerd tot *école secondaire*. Aangezien dit schooltype nog nergens bestond, wist niemand wat het voorstelde. In de praktijk werd het werk op oude voet voortgezet, tegen een voor de hoogleraren gereduceerd salaris dat met grote vertragingen werd uitbetaald. Uiteindelijk doorstond het Athenaeum deze moeilijke jaren.

Na afloop van de Bataafs-Franse tijd lag Amsterdam er desolaat bij. De bevolking was verarmd doordat de internationale handel vrijwel geheel tot stilstand was gekomen. Het aantal inwoners was met bijna 20 procent gedaald tot circa 180.000 in 1815. Huizen stonden leeg en hele blokken waren ingestort. De handelsstromen waren verlegd, waardoor Londen Amsterdams positie als centrum van koloniale handel had ingenomen. Door een kolossale schuld was de toestand van de

1   'Wat wenst u?' 'Sire, dat Uwe Majesteit het Athenaeum toch in zijn huidige staat zal handhaven.' 'Dat zal geen enkel probleem zijn.'

stedelijke financiën belabberd. Tot halverwege de negentiende eeuw ging ruim een kwart van de jaarlijkse begroting op aan rente en viel aan aflossing zelfs niet te denken. Voor het Athenaeum Illustre zou het er onder deze omstandigheden slecht hebben uitgezien, als het niet wettelijk was erkend en geen uitgesproken taak had gekregen.

Na de nederlaag van Napoleon waren op het Congres van Wenen de Noordelijke en de Zuidelijke Nederlanden samengevoegd tot het Verenigd Koninkrijk der Nederlanden, met Willem I als koning. Bij zogeheten Organiek Besluit van 2 augustus 1815 regelde Willem I het hoger onderwijs in het noordelijk deel van zijn koninkrijk – de regeling voor de zuidelijke helft volgde in 1817. De besluiten bevatten bepalingen over de Latijnse scholen, de athenaea en de universiteiten.

Het noordelijk deel van het koninkrijk behield zijn universiteiten in Leiden en Groningen, terwijl de universiteit in Utrecht in ere werd hersteld. Franeker en Harderwijk moesten het voortaan doen met een Rijks-Athenaeum. Amsterdam en Deventer konden hun athenaea behouden. Hoewel de provinciehoofdsteden eveneens een athenaeum mochten stichten, gebeurde dit nergens. Het Organiek Besluit gaf de regering voor het eerst greep op het hoger onderwijs.

De athenaea kregen als taak het verspreiden van smaak, beschaving en geleerdheid, en het ten minste gedeeltelijk voorzien in universitair onderwijs aan studenten die niet in de gelegenheid waren naar een universiteit te gaan. Universiteiten moesten studenten voorbereiden op de geleerde stand, dus op een bestaan als advocaat, geneesheer, predikant of leraar aan een Latijnse school, waarvoor een universitaire graad vereist was.

Willem I greep met het Organiek Besluit terug op de brede algemene en klassieke vorming van de artesfaculteit. Nieuw was dat deze faculteit naar Frans voorbeeld was gesplitst in een faculteit der letteren en bespiegelende wijsbegeerte, en een faculteit der wiskunde en natuurfilosofie. Wie rechten of theologie wilde studeren, moest eerst examen doen in de letteren en wijsbegeerte; geneeskundestudenten moesten examen doen in de wiskunde en natuurfilosofie. Beide propedeutische examens vergden zo'n twee jaar studie. In de hogere faculteiten dienden studenten eerst een kandidaatsexamen te behalen en vervolgens een doctoraalexamen voordat zij konden promoveren, al beperkten theologiestudenten zich meestal tot het kandidaatsexamen. De propedeutische, kandidaats- en doctoraalexamens konden alleen worden afgelegd aan een universiteit. Latijn bleef de taal van het onderwijs en de examens, inclusief de promotie.

Nieuw was ook dat het Organiek Besluit voor elk van de examens voorschreef in welke vakken de studenten moesten worden geëxamineerd. Tot de nieuwe vakken voor het propedeutisch examen in de letteren en wijsbegeerte behoorden de Nederlandse letteren en geschiedenis, waarvoor aan de universiteiten hoogleraren werden benoemd. Het Athenaeum kreeg ook in deze regeling geen examen- en promotierecht.

Klassieke, hogere en praktische vorming

Om het Athenaeum zijn propedeutische functie te laten behouden, stelde het Amsterdamse gemeentebestuur een leerstoel in de Nederlandse letteren en geschiedenis in. Toch trokken de colleges Latijn en Grieks van de hoogleraar in de klassieke talen, geschiedenis, welsprekendheid en poëzie David Jacob van Lennep lange tijd de meeste studenten, soms wel zeventig of tachtig. Van Lennep bracht ze oog bij voor de schoonheid van de klassieke literatuur en poëzie, die gezamenlijk werden gelezen of gescandeerd. Hij liet zo het humanistische vormingsideaal van Vossius, Barlaeus en Burmannus Secundus herleven.

De hoogleraren vonden houvast in het Organiek Besluit. Nu de examenvakken vaststonden, konden zij hun onderwijs zo inrichten dat hun studenten de gehele studie aan het Athenaeum konden volgen, en slechts voor de examens naar een universiteit moesten. Dit lukte in de theologie en de rechten. De theoloog professor Wessel Albertus van Hengel verzorgde vanaf 1818 in zijn eentje – van bijbelexegese tot predikkunde – alle theologische vakken totdat hij in 1827 naar Leiden vertrok. Hij nam een hele groep studenten mee.

De professoren Cornelis Anne den Tex en Jacob van Hall verzorgden tweejaarlijkse cycli waarin zij elk acht of negen vakken gaven die samen de volledige rechtenstudie vormden. Den Tex betoonde zich hierin een aanhanger van het klassieke universeel geldende natuurrecht dat Cras had onderwezen. Van Hall daarentegen was een aanhanger van de nieuwe Duitse Historische School die de veranderlijkheid van het recht beklemtoonde. Aanvankelijk bereidde hun onderwijs slechts zeer ten dele voor op een latere juridische beroepspraktijk. Maar naarmate de exameneisen van de rechtenstudie veranderden, kwam de nadruk in hun onderwijs meer op het positief recht te liggen. Zij begeleidden persoonlijk de verhandelingen waarmee hun studenten in Leiden of Utrecht hun titel behaalden. Pas wanneer de dissertatie door hen was goedgekeurd, kon deze aan de hoogleraar worden voorgelegd bij wie zij tot meester in de rechten promoveerden.

Bij geneeskunde lag de situatie anders. Het Athenaeum verzorgde een deel van het onderwijs aan aanstaande heelmeesters en apothekers, totdat in 1828 de Klinische School opende, voluit Genees-, Heel- en Verloskundige School geheten. De twee professoren van de Klinische School kregen een nevenbenoeming aan het Athenaeum, waardoor studenten de hele geneeskundestudie in Amsterdam zouden kunnen volgen, inclusief de klinische vakken. In de praktijk kwam hier weinig van. De klinische vakken werden in het Nederlands tegelijkertijd aan de 'clinisten' en de studenten van het Athenaeum gegeven. Dit was de standsbewuste geneeskundestudenten te min. Zij wensten zich door hun beheersing van het Latijn van andere standen te onderscheiden. Bovendien ruzieden de hoogleraren met elkaar, vielen onder hen enkele sterfgevallen te betreuren en werd er veel geschoven met leeropdrachten.

Pas tegen het eind van de jaren 1840 verbeterden de verhoudingen en doorliep ook het grootste deel van de geneeskundestudenten de hele of vrijwel hele studie in Amsterdam. Vanaf dat moment was het Athenaeum Illustre meer dan een propedeutische instelling. Hoewel kleiner, was het in veel opzichten vergelijkbaar met de universiteiten. Het onderscheidde zich zodoende van de enige andere overgebleven illustre school, het stedelijke Athenaeum in Deventer. De Rijks-Athenaea in Harderwijk en Franeker waren bij gebrek aan studenten al in 1818 en 1843 gesloten.

Van natuurfilosofie tot natuurwetenschap

De geneeskunde en de natuurwetenschappen waren eeuwenlang gedomineerd door een natuurfilosofie die teruggreep op de klassieken. Ziektes werden volgens de klassieke humeurenleer verklaard uit de verstoring van het evenwicht tussen de vier lichaamssappen bloed, gele gal, zwarte gal en slijm. In de zeventiende en achttiende eeuw waren belangrijke ontdekkingen gedaan, zoals die van de bloedsomloop, was de anatomische kennis belangrijk vermeerderd en werd microscopisch onderzoek gedaan, bijvoorbeeld naar ooglenzen. Maar voor de behandeling van ziektes en aandoeningen leverden deze inzichten bitter weinig op. Geneesheren schreven kruidenmengsels voor die hun werkzaamheid in de praktijk hadden bewezen. Ook aderlatingen en de klisteerspuit behoorden tot de gangbare behandelingen. Opereren bleef bij gebrek aan effectieve verdoving en het gevaar van infecties een levensgevaarlijke noodsprong.

De natuurfilosofie had gesteund op de klassieke vier elementen aarde, lucht, water en vuur. Aarde was al een samenstelling gebleken. In het derde kwart van de achttiende eeuw waren onderzoekers erin geslaagd verschillende gassen uit lucht te isoleren en te beschrijven. Vuur was sinds de zeventiende eeuw verklaard uit het brandbaarheidsprincipe dat elke stof bevatte, flogiston. De Fransman Antoine-Laurent de Lavoisier ontdekte de rol van zuurstof bij verbranding. Hiermee viel ook vuur als element af. Ten slotte werd in de achttiende eeuw water geanalyseerd en bleek dit eveneens een samenstelling.

Wat kregen de Amsterdamse studenten mee van deze vernieuwingen en ontdekkingen? Zeker is dat de strikte scheiding tussen de geneesheren en de heel- en vroedmeesters verdween doordat geneeskundestudenten ook klinische lessen kregen. Geneesheren betraden steeds vaker en steeds meer het terrein van de heelkunde en de verloskunde. Maar wie de ontwikkelingen in de natuurwetenschappen wilde volgen, vond aan het Athenaeum weinig of niets van zijn gading. De hoogleraren in de scheikunde en farmacie negeerden al dit nieuws. Zij verzorgden het propedeutisch onderwijs voor geneeskundestudenten; aan onderzoek deden zij niet.

Pas in de jaren 1840 drong langzaam enige rationaliteit door in het benoemen van hoogleraren en werd van hen verwacht dat zij deskundig waren op het gebied van hun leeropdracht. Dit kwam aan het Athenaeum voor het eerst tot uiting in 1847, toen de curatoren op zoek gingen naar een hoogleraar in de scheikunde en farmacie. De arts en ondernemer Samuel Sarphati wierp zich op als kandidaat. Hij doceerde deze vakken aan een door hemzelf opgerichte handelsschool en aan toekomstige apothekers. Sarphati wist zich gesteund door de Amsterdamse burgemeester en een van de wethouders. Maar bij navraag door de curatoren bleek hij maar één scheikundige publicatie op zijn naam te hebben staan. Dit was te weinig om hem te kunnen benoemen. De keus viel op Edouard Henri von Baumhauer. Die moest daarna tien jaar bedelen voordat er een laboratorium werd ingericht waar zijn studenten proeven konden doen.

De botanicus Friedrich Anton Wilhelm Miquel had weinig sympathie voor de nieuwste evolutietheorieën. Maar hij kende het vroege werk van Charles Darwin en hij was niet blind voor de nieuwste geologische en paleontologische ontdekkingen. Hij loste dit probleem op met een concept van achtereenvolgende scheppingen in de loop van miljarden jaren. Dit moet spannende colleges hebben opgeleverd. Zijn collegekamer zat telkens propvol.

De arts Jan van Geuns en zijn medestanders in de vernieuwing van het medisch onderwijs zagen ziekte niet langer als een anatomische verandering, maar als het resultaat van chemische en natuurkundige processen. Voor hen was geneeskunde een natuurwetenschap. Van Geuns bracht deze visie in zijn onderwijs in de praktijk door zijn studenten aan het ziekbed te leren werken met de stethoscoop en door in dit onderzoek van patiënten ook de thermometer, de laryngoscoop voor keelonderzoek en de oor- en oogspiegel te introduceren. Hij kreeg in het Binnengasthuis een kamer waar studenten enig fysiologisch en pathologisch onderzoek konden doen.

In navolging van professor Gerrit Jan Mulder in Utrecht pionierden Van Geuns en Von Baumhauer (een leerling van Mulder) met onderzoek door studenten, omdat zij de onderzoekende geest van de studenten wilden stimuleren. In Duitsland, waar de scheikunde in korte tijd een hoge vlucht had genomen, was men al langer van dit streven doordrongen. Maar in Duitsland werd onderzoek in de loop van de negentiende eeuw een doel op zich. In Nederland was dit niet het geval. Hier ging het – sommige – hoogleraren om de vormende waarde van de beoefening van wetenschap voor studenten. Voor de wetenschapsbeoefening zelf had dit niet onmiddellijk gevolgen, maar de kwaliteit van het onderwijs ging met sprongen vooruit. Het werd intellectueel uitdagender en zette studenten tegelijkertijd aan tot het zoeken van praktische oplossingen.

Een gemeentelijke universiteit?

Nu het Athenaeum Illustre zich behalve door zijn geringe omvang en het ontbreken van het examen- en promotierecht nauwelijks nog onderscheidde van de drie universiteiten in het land, drong zich een nieuwe vraag op. Was het wel verantwoord zo veel te investeren in een instelling die in de jaren 1850 jaarlijks een tiental rechtenstudenten, nog geen vijf geneeskundestudenten en vooral theologanten trok? Kon de stad haar Athenaeum niet beter sluiten? Of moest zij het verheffen tot universiteit?

De Belgische afscheiding van 1830 had het land in een financiële crisis gestort. Investeringen in een reorganisatie van het hoger onderwijs waren geblokkeerd en de discussie over zo'n herziening was in een impasse geraakt. Als Amsterdam zijn Athenaeum wilde verheffen tot universiteit, zou het dit zelf moeten doen. In afwachting van een nieuwe wet leek dit voor de stad de beste strategie om haar hoger onderwijs veilig te stellen.

Ter oriëntatie reisden in 1859 twee curatoren van het Athenaeum naar Brussel en Leuven voor bezoeken aan de Université Libre en de Université Catholique. Deze twee universiteiten waren zonder tussenkomst van de rijksoverheid opgericht en door particulieren (Brussel) en de katholieke kerk (Leuven) betaald. Een jaar later dienden de curatoren een plan in tot verheffing van het Athenaeum tot gemeentelijke universiteit. De Klinische School moest hierin opgaan. Volgens dit plan zouden de studenten geen collegegeld meer betalen aan de hoogleraren, maar bij hun inschrijving een bedrag aan de rector magnificus overhandigen. Als deze som werd afgedragen, kon de gemeente de hoogleraren een jaarwedde van drie- à vierduizend gulden betalen. Een universiteit met 27 hoogleraren en lectoren verdeeld over vijf faculteiten zou de gezamenlijke kosten van het Athenaeum en de Klinische School nauwelijks te boven gaan.

Bij de verdediging van het voorstel in de gemeenteraad werd erop gewezen dat de meeste Europese hoofdsteden inmiddels een universiteit hadden. Dit was een feit. In de middeleeuwen en vroegmoderne tijd waren de meeste universiteiten gevestigd in kleinere steden. In West-Europa was Parijs een uitzondering. Maar omdat dit aanzien gaf en in een behoefte voorzag, kregen in de negentiende eeuw ook veel grote steden een universiteit: Berlijn, Brussel, Londen, Birmingham, Manchester, München. Het debat in de raad ging vooral de vraag of het rijk een gemeentelijke universiteit het examen- en promotierecht zou verlenen. Aan het eind van de dag werd het voorstel ondanks alle bedenkingen aanvaard. Burgemeester en wethouders kregen opdracht een plan uit te werken.

Het aanzien van de hoogleraar

In de zeventiende eeuw werd van sommige hoogleraren in Amsterdam verwacht dat zij de regentenzoons privélessen gaven. Een eeuw later was hun positie minder nederig, maar toch moest de jurist professor Cras bij zijn aantreden in 1771 de tekst van zijn oratie voorleggen aan de presiderende burgemeester voordat hij deze kon uitspreken. Een hoogleraar diende zijn plaats te kennen.

Na de Bataafse Revolutie steeg het aanzien van de hoogleraar snel. Afkomst en rijkdom waren niet meer alleen beslissend voor iemands maatschappelijke positie, prestaties en verdienste werden belangrijk. Cras en zijn ambtgenoot Van Swinden ondervonden dit aan den lijve. Cras was van 1798 tot 1804 voorzitter van de staatscommissie die tot taak had een burgerlijk en crimineel wetboek te ontwerpen. Van Swinden was enige tijd lid van het Uitvoerend Bewind van de Bataafse Republiek en hij werd naar Parijs geroepen om de standaard van de meter goed te keuren. Zij waren als deskundigen publieke figuren geworden en werden in 1814 met zeshonderd andere notabelen aangewezen om een oordeel uit te spreken over de nieuwe grondwet.

Van het aanzien dat de professoren Gerardus Vrolik en David Jacob van Lennep genoten, beiden een generatie jonger dan Cras en Van Swinden, getuigen de portretten die Charles Edward Hodges van hen maakte. Hodges was een veelgevraagde schilder die ongeveer de hele Amsterdamse en Haagse elite van het Koninkrijk Holland en het Verenigd Koninkrijk der Nederlanden portretteerde. Van Lenneps prestige was zelfs zo groot dat hem in 1841 het burgemeesterschap van Amsterdam werd aangeboden, wat hij afsloeg.

Het aantal hoogleraren met publieke functies is inmiddels niet meer te tellen, om nog maar te zwijgen van de hoogleraren die sindsdien als deskundige om hun visie zijn gevraagd. Maar sinds enkele jaren is het aanzien van de professor uitgehold. Voor een deel is dit het gevolg van de erosie die het gezag van elke autoriteit heeft aangetast. Voor een ander deel heeft dit te maken met recente frauduleuze praktijken, waarvoor ook deze beroepsgroep niet immuun is gebleken.

3.   Een hoofdstedelijke universiteit, 1860-1932

Grootsteedse allure

In de politiek kunnen stemmingen snel omslaan. Een jaar nadat burgemeester en wethouders waren uitgenodigd een gemeentelijke universiteit te ontwerpen, vond de gemeenteraad dit niet meer zo'n goed idee. Bij nader inzien was dit toch een zaak van het rijk. Want wat moest de stad met een universiteit als die niet bij wet werd erkend? Dan kon ze net als het Athenaeum geen graden verlenen.

In de loop van de hierop volgende jaren kwam een nieuwe ondernemende elite op en schudde het gemeentebestuur veel van zijn schroom af. Omstreeks 1865 leek het met handel en nijverheid in de stad weer de goede kant op te gaan en vanaf 1870 raakte de economie in een stroomversnelling. Een belangrijke oorzaak hiervan was de openstelling van Nederlands-Indië voor het particuliere bedrijfsleven. De handel werd verder bevorderd door de aanleg van het Noordzeekanaal, dat in 1876 werd geopend. In 1869 was ook besloten tot de aanleg van het Centraal Station. De bloei en groei trokken scheepvaartmaatschappijen, handelsbanken, nieuwe fabrieken en nieuwe bewoners. Als gevolg van dit alles ontstond het besef dat de positie als hoofdstad meebracht dat een zekere allure werd uitgedragen.

Een van de eersten die hiervan werk maakte, was Samuel Sarphati. Hij had het initiatief genomen tot de bouw van het Paleis voor Volksvlijt uit 1864, dat een symbool moest zijn van de nationale volkskracht. Ook het Amstel Hotel met zijn grootsteedse uitstraling was het resultaat van zijn inspanningen. Zijn voorbeeld vond navolging. De stad kreeg hotels, moderne bierhuizen, schouwburgen, concertzalen, een reeks opvallende katholieke kerkgebouwen van architect Pierre Cuypers en een

Het scheikundelaboratorium aan de Nieuwe Prinsengracht, Roeterseiland, voor 1902. Universiteit van Amsterdam, Bijzondere Collecties.

park, het Vondelpark. Uiteindelijk werkte ook de gemeente mee. Door het dempen van sommige grachten zag de stad er opgeruimder uit. Om de kwijnende Koninklijke Academie van Beeldende Kunsten als rijksacademie nieuw leven in te blazen en deze voor de stad te behouden, werd besloten de instelling een passend gebouw te schenken. Zo werd enkele jaren later ook de beslissende duw gegeven in een al lang slepende discussie over een nieuw rijksmuseum. Amsterdam stelde voor dit museum de grond beschikbaar, evenals een flinke bijdrage in de bouwkosten. Bovendien werd de gemeentelijke verzameling oude meesters in dit nieuwe museum ondergebracht. Met deze en andere particuliere en gemengd privaat-publieke initiatieven tot verheffing van de stad stond Amsterdam nu met recht in het rijtje aantrekkelijke Europese hoofdsteden.

Een nieuwe artsenopleiding

Op één punt had de stad lang in haar afwachting berust: het hoger onderwijs. Weliswaar had het Athenaeum in 1862 een nieuw onderkomen gekregen. In deze voormalige schutterssociëteit uit 1512 aan het Singel, tegenwoordig een deel van de universiteitsbibliotheek, kreeg elke hoogleraar een collegekamer. Maar anders dan was gehoopt, raakte het Athenaeum in verval. Studenten bleven weg en hoogleraren vertrokken uit onvrede over hun veel te omvangrijke leeropdrachten en over het uitblijven van een besluit tot verheffing van het Athenaeum tot universiteit.

Op dit dieptepunt werd de stad door vier nieuwe geneeskundige wetten van minister J.R. Thorbecke van 1865 als het ware uitgenodigd tot reorganisatie van het Athenaeum. De wetten hieven het onderscheid op tussen de vooral in steden gevestigde gepromoveerde geneesheren en de meest op het platteland actieve heelmeesters. In plaats hiervan kwam één geneeskundige: de arts. Deze arts hoefde niet langer gepromoveerd te zijn. Een van de wetten bepaalde dat ieder die de geneeskunde wilde uitoefenen ongeacht zijn vooropleiding een staatsexamen moest afleggen. Verder werd bepaald dat de arts grondig in de natuurwetenschappen en klinische vakken moest zijn geschoold. De klinische scholen konden niet aan deze eisen voldoen. Als het Athenaeum hierin wel slaagde, kon het studenten tot dit staatsexamen opleiden. In 1867 besloot de gemeenteraad een geneeskundige afdeling in het leven te roepen met niet minder dan twaalf goedbetaalde hoogleraren en vijf lectoren. Tegelijkertijd werd de Amsterdamse Klinische School gesloten.

In het raadsdebat had een van de raadsleden opgemerkt dat het medisch onderwijs in Amsterdam hiermee op gelijke hoogte zou komen als aan de Duitse universiteiten, wat hij te pretentieus vond voor het Athenaeum. Maar feit was dat Amsterdam nu beschikte over de modernste medische opleiding in het land. Bij gebrek aan voldoende gekwalificeerde Nederlandse kandidaten werden ook twee Duitsers tot hoogleraar benoemd: een fysioloog en een patholoog-anatoom.

De medische studenten waren niet onmiddellijk doordrongen van de mogelijkheid dat zij aan het Athenaeum hun studie konden voltooien. Weliswaar was het aantal van veertig eerstejaars veel hoger dan in de voorafgaande jaren, maar het bleef achter bij de verwachtingen. Dit veranderde in 1868, toen de Rijkskweekschool voor Militaire Geneeskundigen in Utrecht werd gesloten. Dit was een niet-academische opleiding geweest, vergelijkbaar met de klinische scholen. Net zomin als deze kon de Rijkskweekschool aan de nieuwe opleidingseisen voldoen. Daarom werd besloten haar over te hevelen naar het Amsterdamse Athenaeum. In het najaar van 1868 schreven 65 kwekelingen zich hier in voor de geneeskundestudie. In de loop der jaren nam het aantal civiele geneeskundestudenten toe. Ook het aantal farmaciestudenten in Amsterdam was flink gegroeid nu zij sinds 1865 voor het verkrijgen van de bevoegdheid tot het uitoefenen van het vak van apotheker eveneens een staatsexamen moesten afleggen. Het gevolg was dat in 1876 bijna de helft van alle geneeskunde- en farmacie-studenten in Nederland aan het Athenaeum studeerde. Nu kon niemand er meer omheen dat dit instituut meer was dan alleen maar oud en eerbiedwaardig. Het voorzag in een behoefte en vervulde een voorbeeldfunctie in het hoger onderwijs.

De Universiteit van Amsterdam

Na Thorbeckes wet op het middelbaar onderwijs, die de hbs en de Polytechnische School in Delft in het leven had geroepen, en zijn geneeskundige staatsregeling uit 1865, was eindelijk werk gemaakt van hervorming van het nationale hoger onderwijs. In het wetsontwerp dat in de Tweede Kamer in behandeling werd genomen, was niet opgenomen dat het Athenaeum kon of zou worden verheven tot universiteit. Maar Gijsbert van Tienhoven had in Amsterdam de geesten rijp gemaakt voor het idee dat de stad zelf een universiteit kon bekostigen. Hij was als hoogleraar aan het Athenaeum opgestapt uit onvrede over zijn te brede leeropdracht. Als wethouder van Financiën nam hij nu het initiatief tot een lobby voor een gemeentelijke universiteit. En met succes, want de Tweede Kamer aanvaardde een amendement dat Amsterdam het recht gaf zijn Athenaeum op eigen kosten tot universiteit te verheffen. Toen minister J. Heemskerk Azn. dit amendement overnam en in april 1876 de Wet tot regeling van het Hooger Onderwijs de beide Kamers passeerde, konden in Amsterdam de vlaggen uit.

In de nieuwe wet kreeg de universiteit tot taak de vorming en voorbereiding tot zelfstandige beoefening der wetenschappen en tot het bekleden van maatschappelijke betrekkingen waarvoor een wetenschappelijke opleiding vereist wordt. Om hiervoor tijd in te ruimen, was de klassieke vorming van studenten naar het gymnasium verwezen. Studenten moesten voortaan over een gymnasiumdiploma beschikken om tot de examens te worden toegelaten, of ten minste het staatsexamen Grieks en Latijn hebben behaald, ook al werden sinds de jaren 1860 bijna alle vakken in het Nederlands gedoceerd.

De volgende stap was dat burgemeester en wethouders de gemeenteraad een verordening tot regeling van de universiteit voorlegden. Hierbij werd niet op een dubbeltje gekeken. Burgemeester C.J.A. den Tex zag de wet als een aansporing in Amsterdam een universiteit in te richten die voor geen ander zou onderdoen. De Amsterdamse gemeenteraad vond dat deze meer moest bieden dan alleen wetenschappelijke vorming. In het belang van de handel werd een leerstoel ingericht voor de aardrijkskunde en de land- en volkenkunde van Nederlands-Indië. En ten behoeve van de algemene vorming van de burgerij kwam er een leerstoel in de moderne talen en hun letterkunde, de esthetiek en de kunstgeschiedenis. Met deze laatste leerstoel moest de universiteit door de verspreiding van smaak, beschaving en geleerdheid een van de taken van het Athenaeum Illustre voortzetten. Voorts werd toegezegd dat in de toekomst een nieuwe faculteit voor de handelswetenschappen zou worden ingericht. Zo werd ook de groep tevredengesteld die twijfelde aan het nut van een universiteit voor een handelsstad. De nieuwe universiteit, die de naam Universiteit van Amsterdam had gekregen, opende op 15 oktober 1877.

Snelle groei

De universiteit ging van start met de vijf wettelijk vereiste faculteiten: theologie, rechtsgeleerdheid, geneeskunde, wis- en natuurkunde, en letteren en wijsbegeerte. De Vrije Universiteit, die drie jaar later op particulier initiatief werd opgericht en die lang uit de collectebus werd bekostigd, kreeg een halve eeuw ontheffing van deze plicht. Zij begon met theologie, rechtsgeleerdheid, letteren en wijsbegeerte, en een embryonale medische faculteit die heel lang slechts één hoogleraar telde.

Doordat de wet voorschreef voor welke vakken hoogleraren nodig waren en de gemeente hieraan nog enkele leerstoelen had toegevoegd die zij voor de stad van belang achtte, telde de gemeentelijke universiteit meteen 37 hoogleraren en vijf lectoren: bijna twee keer zoveel als het Athenaeum er had gehad. Vijftien jaar later waren er al bijna vijftig. Wis- en natuurkunde en letteren en wijsbegeerte waren met de nieuwe wet volwaardige faculteiten geworden. Deze faculteiten kregen de meeste nieuwe leerstoelen.

De letterenfaculteit bood aanvankelijk maar twee studierichtingen aan: klassieke talen en neerlandistiek. Wie de talen van de Oost-Indische archipel wilde studeren, moest naar Leiden. De Rijksuniversiteit Groningen was de enige waar de moderne talen werden gedoceerd, al kon hierin geen graad worden behaald. De gemeentelijke universiteit werd in 1912 de eerste in het westen van het land die leerstoelen voor de moderne talen instelde. De natuurwetenschappen telden vier studierichtingen: wis- en natuurkunde, scheikunde, biologie en farmacie. Hier kwamen in de loop der tijd sterrenkunde en geologie bij.

Het Academisch Statuut van 1921 maakte het mogelijk in de moderne talen een graad te behalen. Geschiedenis, kunstgeschiedenis en sociale geografie werden zelfstandige studierichtingen. Pedagogiek en psychologie werden afstudeerrichtingen in de wijsbegeerte. In 1922 werd de universiteit – als eerste – uitgebreid met een faculteit der handelswetenschappen, tien jaar later omgedoopt tot economische wetenschappen. De Rijksuniversiteit Utrecht had faculteiten voor diergeneeskunde en voor indologie, terwijl ook Leiden een opleiding had voor aanstaande ambtenaren in de koloniën.

Een parel aan Amsterdams kroon

In het openingsjaar van de universiteit was het aantal studenten flink tegengevallen. De letterenfaculteit telde zelfs meer hoogleraren dan studenten. Vijftien jaar later werd de grens van duizend studenten gepasseerd. Vervolgens zakte het aantal weer in. Deels was dit het gevolg van het opheffen van de twee leerstoelen voor de hervormde predikantenopleiding. Dit was een zaak van principe geweest voor een monsterverbond van liberale en gereformeerde gemeenteraadsleden. Zij wilden niet dat de gemeente leerstoelen voor de hervormde kerk bekostigde terwijl de gereformeerde theologen aan de Vrije Universiteit en hun lutherse en doopsgezinde ambtgenoten aan de gemeentelijke universiteit door de kerkgenootschappen zelf werden betaald. Na de sluiting van de hervormde predikantenopleiding in Amsterdam slonk de theologische faculteit tot onbeduidende omvang. De groei van de universiteit herstelde na 1918. In de jaren 1930 waren alleen de universiteiten in Leiden en Utrecht iets groter dan de UvA.

Vanaf oktober 1880 liep het merendeel van de studenten college in de Oudemanhuispoort. Dit was tot in de jaren 1960 hét universiteitsgebouw en tevens het adres van de universiteit. Hier bevonden zich de senaatskamer waar de verzamelde hoogleraren vergaderden, de faculteitskamers en de collegekamers van de faculteiten. Alleen hoogleraren die beschikten over een kliniek of laboratorium met collegezaal gaven hun onderwijs elders. In de Poort was ook de aula (in wat nu de centrale hal is met het grote trappenhuis) waar promoties, oraties en andere openbare bijeenkomsten werden gehouden. Deze aula was gebouwd met geld waarvoor onder particulieren was geworven. Van het restant werd een alumnivereniging gesticht, de Amsterdamse Universiteits Vereniging, die via het Amsterdams Universiteitsfonds nog altijd studie- en reisbeurzen verleent en subsidies verstrekt.

Vanzelfsprekend stegen de kosten razendsnel. Bij de oprichting had burgemeester Den Tex nog gemeend dat de universiteit toe kon met 100.000 gulden per jaar. Dit bleek een illusie. Vooral in de natuurwetenschappen nam als gevolg van de specialisatie het aantal laboratoria en instituten snel toe. Al in 1892 hadden de stijgende kosten geleid tot de discussie of de stad haar universiteit niet moest afstoten naar het rijk. De conclusie was echter duidelijk: de universiteit was een parel was aan Amsterdams kroon.

Zelfs de diepe economische crisis van de jaren 1930 vormde voor de gemeenteraad geen reden zich van de universiteit te ontdoen, al drong hij wel aan op bezuinigingen. Toen burgemeester en wethouders – in 1939 – lieten doorschemeren dat zij van de universiteit af wilden, ontlokte dit het raadslid Theo Thijssen, de schrijver van bekende jongensboeken, de reactie dat Amsterdam zonder zijn universiteit zou wegzinken in de gezapige anonimiteit van een provinciestad. Dit was misschien overdreven, maar helemaal ongelijk had hij niet.

Wetenschappelijke vorming

Sinds 1850 hadden de universiteiten in Nederland zich langzaam ontwikkeld tot centra van wetenschapsbeoefening. Hierin volgden zij een trend die in Duitsland al eerder was ingezet, waaruit het idee voortkwam dat het doel van het universitaire onderwijs wetenschappelijke vorming was, zoals in de wet van 1876 werd vastgelegd. Vanaf dat jaar werden hoogleraren niet meer benoemd op grond van hun persoonlijkheid, maar uitsluitend op grond van hun wetenschappelijke kwaliteiten. Dat de professoren deze gedachte omarmden, is te zien aan de titels van de oraties waarmee zij hun ambt aanvaardden. Vóór 1876 oreerde elke nieuwe hoogleraar over het maatschappelijk nut van zijn vak, of dit nu wiskunde was of geschiedenis. Erna wees elke hoogleraar op de wetenschappelijke betekenis van zijn vak. Hoogleraren waren specialisten geworden.

Deze wending had grote veranderingen in het onderwijs tot gevolg. Voorheen waren colleges een vorm van kennisoverdracht geweest waarbij de hoogleraar jaren achtereen dezelfde tekst voorlas. Hierin kwam na 1850 geleidelijk verandering. De jurist J.Th. Buys discussieerde in zijn colleges staathuishoudkunde geregeld met zijn studenten. Dit voorbeeld vond navolging. En de jurist Tobias Asser behandelde in zijn onderwijs steeds voorbeelden uit zijn praktijk als advocaat en later diplomaat op internationale handelsconferenties. Nu werd het doel van de colleges de studenten inzicht te geven in wat belangrijk of problematisch was, en hen aan te zetten tot kritisch denken en zelfstudie.

De studenten hadden hier moeite mee. Zij kwamen soms met heel andere verwachtingen naar college. Studenten in de klassieke talen hoopten op colleges over de schoonheid van de klassieke literatuur, maar zij kregen tekstkritiek. Ook vonden veel studenten het een gemis dat hoogleraren hun niet meer de weg in het leven wezen.

De studenten pasten zich geleidelijk aan de veranderde eisen aan. In de loop van de jaren 1890 ontstonden faculteitsverenigingen van studenten, bedoeld om hun belangen in de faculteit te behartigen. Tegelijkertijd stimuleerden zij hun wetenschappelijke vorming door het organiseren van congressen en van lezingen door grote geleerden uit binnen- en buitenland. De accentverschuiving naar zelfstudie is goed zichtbaar bij de rechtenstudenten. Velen van hen schreven zich slechts drie jaar in, vermoedelijk de jaren dat zij geregeld college liepen. Vervolgens deden ze twee, drie of vier jaar later examen na een periode waarin zij misschien enkele colleges volgden maar vooral studeerden. In de letteren en de economie ging het weinig anders. De noodzaak van zelfstudie blijkt ook uit de uitslagen van de kandidaats- en doctoraalexamens, die mondeling werden afgenomen. Wie niet voldeed, kreeg drie, zes of negen maanden. Dit was de tijd die de afgewezen student volgens de hoogleraren nog minimaal moest studeren.

Desondanks kwam de wetenschappelijke vorming in het algemeen niet tot zijn recht. Van alle studenten die zich tussen 1877 en 1926 aan de Universiteit van Amsterdam inschreven, hadden de studies die tot een beroep opleidden – rechten, geneeskunde, theologie en farmacie – de hoogste rendementen, dus de hoogste percentages afgestudeerden. Bij de faculteiten die in het bijzonder op wetenschappelijke vorming waren ingericht – natuurwetenschappen, de letteren en later ook economie – waren de rendementen bedroevend laag. In de letteren haalde nog niet de helft van de studenten het doctoraalexamen. In de natuurwetenschappen was het rendement iets beter. Maar het merendeel van de studenten in de wis- en natuurkunde, scheikunde, biologie, sterrenkunde, Nederlands, geschiedenis, de klassieke talen, de moderne talen en economie haalde het doctoraalexamen niet.

Een Tweede Gouden Eeuw

Het Gemeentelijk Bureau voor de Statistiek deed pas in de jaren 1930 voor het eerst onderzoek naar percentages geslaagden en de gemiddelde studieduur in de verschillende faculteiten. Toch kan het de hoogleraren in de letteren en de natuurwetenschappen niet zijn ontgaan dat nog niet de helft van hun studenten de eindstreep haalde, afgezien dan van de farmaceuten. Een grote groep nam kennelijk genoegen met een niet-universitaire akte die lesbevoegdheid gaf in het middelbaar onderwijs en aan het gymnasium. Dat moeten de hoogleraren hebben geweten. Maar zij weigerden hun onderwijs meer te richten op voor leraren benodigde vaardigheden.

De hoogleraren hielden tegen beter weten in vast aan het idee dat universitair onderwijs bedoeld was voor de wetenschappelijke vorming van studenten. Ze moesten wel, omdat zij alleen zo hun onderzoek konden legitimeren. Want onderzoek had in de ogen van de curatoren alleen betekenis voor zover studenten erin konden participeren. Tegenwoordig is het verrichten van wetenschappelijk onderzoek verheven tot een van de hoofdtaken van de universiteit. Toen was dat niet het geval. Als een hoogleraar geld nodig had voor apparatuur, kreeg hij dit alleen als hij kon aantonen dat dit het onderwijs te goede kwam.

Natuurlijk hadden de curatoren oog voor het belang van wetenschappelijke kwaliteit. Bij het zoeken naar hoogleraren voor de nieuwe universiteit was de burgemeester getipt door de beroemde Utrechtse fysioloog en oogheelkundige F.C. Donders. 'Er loopen twee jongens rond, die kun je nú nog voor een prikkie krijgen, later niet meer,' zou hij over de scheikundige J.H. van 't Hoff en de botanicus Hugo de Vries hebben gezegd. Zij maakten hun belofte meer dan waar. Een ander voorbeeld is dat van de natuurkundige Johannes Diderik van der Waals. Hij had naam gemaakt met een baanbrekend proefschrift over het gedrag van gassen. De Leidse universiteit wilde hem hebben, maar hij lijkt voor Amsterdam te hebben gekozen omdat hij hier sneller kon worden benoemd.

Van 't Hoff en De Vries ontwikkelden net als de Leidse natuurkundigen H. Kamerlingh Onnes en Pieter Zeeman – die Van der Waals in Amsterdam zou opvolgen – eigen onderzoeksscholen waarmee zij veel jonge en ambitieuze buitenlanders trokken. Van 't Hoff, Van der Waals en Zeeman zouden hun werk, net als Kamerlingh Onnes en H.A. Lorentz in Leiden, bekroond zien met een Nobelprijs. De wetenschappelijke bloei in de periode 1870–1930 was deels het gevolg van het succes van de hbs, waar de leerlingen een gedegen basis legden voor een studie in de exacte vakken. De eerder genoemde Tobias Asser ontving in 1911 de Nobelprijs voor de Vrede vanwege zijn betekenis voor het internationaal privaatrecht. Deze bloei viel samen met een krachtige economische groei en een wederopleving van de kunsten. Men spreekt daarom van een Tweede Gouden Eeuw.

Ook de volgende generaties telden veel uitblinkers. Paul Scholten groeide uit tot een van de meest gezaghebbende juristen in het land. L.E.J. Brouwer werd de grondlegger van de intuïtionistische wiskunde. Antonie Pannekoek bracht de astrofysica tot ontwikkeling. Ernst Laqueur richtte ter ondersteuning van zijn zoektocht naar nieuwe geneesmiddelen het farmaceutische bedrijf N.V. Organon op. Met hun meer of minder bekende ambtgenoten droegen zij bij aan de professionalisering van het wetenschappelijk onderzoek aan de universiteit en brachten zij een selecte groep studenten hiervan de kneepjes bij.

Een veranderde wereld

Door de gestegen welvaart sinds het midden van de negentiende eeuw waren het niet langer voornamelijk dokters, advocaten en predikanten die hun zoons naar de universiteit stuurden. Steeds vaker schreven ook jongens uit niet-academische milieus zich aan de universiteit in. En vanaf de jaren 1880 waren het niet meer alleen jongemannen die gingen studeren. Dit had zijn weerslag op de universiteiten en op het studentenleven. Een groot deel van de negentiende eeuw hadden de corpora het alleenrecht gehad op de vertegenwoordiging van de studenten. Vrijwel alle studenten waren lid geweest. Maar veel jongens uit niet-academische milieus voelden zich niet thuis in deze traditionele bolwerken van de geleerde stand, en meisjes werden er niet toegelaten. Zo ontstonden er studentenverenigingen naast en soms in concurrentie met de corpora. En dan waren er studenten die zich ook niet bij de nieuwe verenigingen aansloten. De studenten vormden in de twintigste eeuw geen sociale en culturele eenheid meer.

Zo veranderde ook de universiteit. Alleen de Rijksuniversiteit Utrecht en de Vrije Universiteit hadden nog grote theologische faculteiten. Elders waren zij gekrompen tot de kleinste. De juridische faculteiten waren groot, al waren afgestudeerde juristen er niet meer van verzekerd dat zij een bestuurlijke functie of een betrekking in de advocatuur of de rechterlijke macht zouden krijgen. Geneeskunde trok steeds meer toekomstige artsen en specialisten. Dit was voor een groot deel het gevolg van de successen die in de heelkunde en de geneeskunde waren geboekt. Opereren was geen noodsprong meer en geleidelijk ontstond er, naast chirurgen, internisten, psychiaters en huisartsen, vraag naar kinderartsen, verloskundigen/gynaecologen en neurologen. Bovendien werden sinds het eind van de negentiende eeuw effectieve geneesmiddelen ontwikkeld tegen allerlei ziektes en aandoeningen. Dit leidde tot nieuwe universitaire disciplines zoals bacteriologie, biochemie en farmacologie.

De hbs en de middelbare meisjesschool of mms bereidden meer leerlingen voor op een universitaire studie dan voorheen en schiepen vraag naar goed opgeleide leerkrachten. Vooral de letterenfaculteiten en de natuurwetenschappen voorzagen in deze behoefte. Vraag vanuit de industrie naar afgestudeerden in de natuurwetenschappen was er evenwel nog maar weinig, met uitzondering van de chemische industrie. Weinig hoogleraren zagen mogelijkheden tot samenwerking met de industrie of zagen hier een werkkring voor hun studenten. Zo ontstond in de jaren 1930 de vrees voor academische overbevolking en voor het ontstaan van een academisch proletariaat. Het idee dat de moderne samenleving behoefte had aan meer hoger opgeleiden, was nog niet opgekomen.

Geleerdenfamilies

De vroegmoderne samenleving, ruwweg de periode vanaf de ontdekking van Amerika tot aan de Franse Revolutie, hing van nepotisme en patronagenetwerken aan elkaar. Hieraan viel niet te ontkomen, ook niet in de universitaire wereld. Wie hoogleraar wilde worden, moest relaties hebben. Wie een beschermheer had, hoefde niet eens een groot geleerde te zijn. Zo ontstond in de Duitse landen het verschijnsel van de *Familienuniversität*.

Nederland kende dit fenomeen niet. Hier bestonden wel hooglerarendynastieën. De familie Burman bijvoorbeeld beschikte over zodanige relaties dat zij in de zeventiende en achttiende eeuw een heel contingent hoogleraren aan Utrecht, Leiden en Amsterdam leverde. Drie van hen waren in de achttiende eeuw verbonden aan het Athenaeum: de classicus Petrus Burmannus Secundus, zijn oudere broer, de botanicus Johannes Burman, en diens zoon Nicolaas Laurens, eveneens botanicus. Dankzij hun faam en hun relaties ontstonden later vergelijkbare dynastieën: Albert Schultens, zoon Jan Jacob en kleinzoon Hendrik Albert waren allen arabisten in Leiden en Amsterdam. Gerardus Vrolik en zijn zoon Willem waren zelfs gelijktijdig hoogleraar in de geneeskunde aan het Athenaeum.

Nog altijd zijn er families die opvallend veel geleerden voortbrengen of hebben voortgebracht, maar van dynastieën is geen sprake meer. De Gunnings vormen zo'n typische geleerdenfamilie. Zij tellen alleen al aan het Athenaeum en de Universiteit van Amsterdam drie hoogleraren in de geneeskunde (Willem Marius Gunning, Willem Boudewijn Gunning en Louisa Johanna Gunning-Schepers), een in de theologie (Johannes Hermanus Gunning), een in de scheikunde (Jan Willem Gunning) en een privaatdocent in de pedagogiek (eveneens een Johannes Hermanus Gunning). Maar de familieband is niet altijd even herkenbaar. Gustaaf Adolf van den Bergh van Eysinga was hoogleraar in de theologie aan de UvA, zijn schoonzoon Sjoerd Hofstra was er hoogleraar in de sociologie en diens dochter Marijke Gijswijt-Hofstra in de geschiedenis.

4. Oorlog, crises en explosieve groei, 1932-2000

Het derde eeuwfeest

Universiteiten vieren hun eeuwfeesten. Het Athenaeum Illustre had zich in 1732 en 1832 op bescheiden wijze in deze traditie geschaard. Daarnaast was in de loop van de negentiende eeuw bij de corpora de gewoonte ontstaan elk lustrum van hun universiteit aan te grijpen voor feesten en optochten, zodat bijna elke student zoiets eens meemaakte. Nu in 1932 het derde eeuwfeest kon worden gevierd, maakten de gemeente, de universiteit en de studenten zich op om er samen iets groots van te maken. Maar wiens verjaardag was dit eigenlijk? Het Athenaeum bestond niet meer, en het was algemeen bekend dat de Universiteit van Amsterdam tot de jongere universiteiten behoorde. De oplossing was snel gevonden. Van maandag 27 juni tot vrijdag 1 juli werd het derde eeuwfeest van de 'Instelling van hooger onderwijs' te Amsterdam luisterrijk gevierd.

Het hoogtepunt vond plaats op 28 juni. Die middag trok een bonte stoet van 160 vertegenwoordigers van academies van wetenschappen, universiteiten en hogescholen uit Nederland, Nederlands-Indië en 33 andere landen (waaronder Japan, Australië, Brits-Indië, Nieuw-Zeeland, Canada en de Verenigde Staten) in veelal kleurrijke ambtsgewaden, aangevuld door een honderdtal hoogleraren en emeriti van de gemeentelijke universiteit in hun zwarte toga's over de volle lengte van het Museumplein naar het Concertgebouw. Hier sprak rector magnificus Paul Scholten een herdenkingsrede uit, die hij besloot met het verlenen van eredoctoraten aan burgemeester Willem de Vlugt, aan de reder Ernst Heldring, en aan Henri Polak, de beschermer van natuur- en stadsschoon en in vroegere jaren

Professor Derkje Hazewinkel-Suringa behoorde tot de hoogleraren die tijdens de bezetting de rug recht hielden en bijgevolg door de bezetter werden ontslagen. Foto ca. 1940. Universiteit van Amsterdam, Bijzondere Collecties.

een succesvol vakbondsleider. Na afloop kregen vierhonderd genodigden een diner aangeboden in Artis. Wie nog energie had, werd rond middernacht in fakkeloptocht naar de sociëteit van het Corps begeleid.

Verder recipieerde de universiteit, was er een feest voor alle studenten, bood de gemeente de gasten een boottocht en een concert van het Concertgebouworkest aan, openden laboratoria en klinieken hun deuren, organiseerde het Corps spelen voor de stadsjeugd en voor de burgerij het mimespel *Le boeuf sur le toît* van Jean Cocteau op muziek van Darius Milhaud, uitgevoerd door leden van de studententoneelvereniging en het studentenorkest, bracht het Rijksmuseum een Rembrandt-tentoonstelling, organiseerden particulieren een groot openluchtspel in het Olympisch Stadion en er was nog veel meer.

Met dit feest toonden stad en burgerij hoe belangrijk zij de universiteit vonden. De universiteit had met haar gasten uit binnen- en buitenland laten zien hoe groot haar aanzien was en met haar eredoctoraten hoeveel zij hechtte aan een goede relatie met de samenleving. De studenten, ten slotte, hadden hun sociaal engagement en hun wereldse karakter getoond.

Crisis

De feesten hadden voor even de aandacht afgeleid van zorgwekkende ontwikkelingen. Het instorten van de beurs in New York in oktober 1929 was het begin geweest van een diepe en wereldwijde economische crisis. In Duitsland had deze crisis tot grote politieke onrust geleid. In Amsterdam was zij niet meteen voelbaar geweest, maar in 1931 was al 10 procent van de beroepsbevolking werkloos en daarna liep dat cijfer alleen maar op. Bij zijn terugtreden als rector moest Paul Scholten in september 1932 constateren dat van een nieuw universiteitsgebouw niets meer was vernomen, de bouw van een heelkundige kliniek was vertraagd, de uitbreiding van de universiteitsbibliotheek was gestaakt en de bouw van een fysiologisch laboratorium uitgesteld. In 1935 werden nog twee laboratoria opgeleverd waarvoor al in 1930 het krediet was verleend. Niemand vermoedde toen dat dit de laatste door de gemeente voor haar universiteit gebouwde instituten waren.

Doordat de werkloosheid ook onder academici groot was, ontstond onzekerheid over de aard en het nut van het universitaire onderwijs. De vraag drong zich op of de nadruk op wetenschappelijke vorming van studenten de studie niet te eenzijdig maakte. In elk geval zat het bedrijfsleven niet te wachten op wetenschappelijke onderzoekers. De Utrechtse scheikundige Hugo Kruijt hechtte net als de meeste van zijn ambtgenoten sterk aan de vormende waarde van onderzoek. Maar tijdens een bezoek aan de Verenigde Staten in 1927 besefte hij wat er schortte aan de Nederlandse universiteiten. Volgens hem stelden deze wetenschappelijke vorming gelijk aan het voorbereiden op maatschappelijke functies waarvoor een wetenschappelijke opleiding vereist werd. Hierdoor verwaarloosden zij de vorming van een maatschappelijk middenkader. In de Verenigde Staten werd dit bediend met vierjarige bachelorstudies, en vervolgde slechts 20 procent van de studenten de studie in de *graduate schools*. In zijn brochure *Hooge school en maatschappij* uit 1931 bepleitte hij een hervorming in deze richting.

Kruijts ideeën sloegen aan bij de Amsterdamse studenten. Zij namen het probleem van de verhouding tussen universiteit en samenleving veel serieuzer dan hun professoren. Was hun onderwijs niet veel te specialistisch en moest dit niet meer op de beroepspraktijk worden gericht? Deze discussie over het universitaire onderwijs en het Amerikaanse voorbeeld kreeg een impuls tijdens de bezetting en zou niet meer verstommen.

De bezetting

Het leed van de jaren 1940-1945 ging niet aan de Universiteit van Amsterdam voorbij. In november 1940 werden alle Joodse ambtenaren op last van de bezetter geschorst. Aan de gemeentelijke universiteit trof dit lot 9 hoogleraren, 3 lectoren en 37 andere personeelsleden, meer dan aan alle andere universiteiten en hogescholen samen. Zij werden in 1941 ontslagen. Intussen was voor studenten met twee of meer Joodse grootouders een numerus clausus afgekondigd. Zij moesten vóór 1 april 1941 bij het ministerie van Onderwijs een verzoek indienen om verder te mogen studeren. 369 studenten van de UvA dienden zo'n verzoek in, waarvan er 213 werden gehonoreerd. Maar ook deze studenten, als zij tenminste nog niet waren afgestudeerd, werd met ingang van 1 september 1942 alsnog de toegang tot de universiteit ontzegd. In het vervolg van de oorlog werden 19 Joodse personeelsleden en 139 Joodse studenten omgebracht in Duitse kampen.

De universitaire gemeenschap stond bij elke maatregel van de bezetter voor een dilemma. Moest zij protesteren, de universiteit sluiten, of het werk zo goed en zo kwaad als het ging voortzetten? In Delft was meteen een studentenstaking uitgeroepen, toen bekend werd dat de Joodse hoogleraren waren geschorst. De Leidse studenten volgden hun voorbeeld nadat professor R.P. Cleveringa namens de Leidse universiteit in een stampvolle aula tegen deze discriminatie had geprotesteerd. De Delftse hogeschool en de Leidse universiteit werden hierop door de bezetter gesloten. De hogeschool ging na drie maanden weer open, maar de Leidse universiteit bleef gesloten en haar studenten mochten zich pas een jaar later elders inschrijven.

Aan de gemeentelijke universiteit kwam het niet tot een protest, noch tot een studentenstaking. Het formuleren van een protest was overgelaten aan de individuele hoogleraren. Voor zover dit werd uitgesproken, bleef dit beperkt tot de beslotenheid van de collegekamers. Het Amsterdamse Corps had wel willen staken, maar doordat het niet het gezag bezat van de corpora in de kleinere studentensteden, ging het momentum verloren.

Elke nieuwe ingreep van de bezetter leidde tot verhitte debatten in de vergadering van hoogleraren. Telkens bleek een meerderheid de UvA open te willen houden in het belang van de studenten en van de toekomst van het land. Dat de inhoud van het besprokene spoedig bij de Duitse autoriteiten bekend was, bleek uit het ontslag van degenen die een demonstratief gebaar wilden maken. In de loop van de oorlog werden zo achttien van de resterende tachtig hoogleraren en enkele lectoren en assistenten op politieke gronden ontslagen. Wat ook niet hielp, was dat de zittende burgemeester na de Februaristaking van 1941 tegen de razzia's op Joden was vervangen door een Duitsgezinde burgemeester, die zo ook president-curator werd. Hij negeerde ontslagaanvragen en zette docenten onder druk het werk voort te zetten.

Nu bleek het een gemis dat de hoogleraren zich beperkten tot de wetenschappelijke vorming van hun studenten en geen morele leidslieden meer waren. De studenten moesten hun beslissingen zelf nemen. Moesten zij hun verenigingen opheffen toen het Joden werd verboden er nog langer lid van te zijn? Moesten zij in het voorjaar van 1943 de 'loyaliteitsverklaring' tekenen, waarmee zij – om hun studie te mogen voorzetten – onderschreven niets te zullen ondernemen tegen het Duitse Rijk, het Duitse leger of de Nederlandse autoriteiten? Moest vervolgens de overgrote meerderheid die niet had getekend zich melden voor gedwongen tewerkstelling in Duitsland? Het merendeel wist zich te redden en maakte de 'juiste' keuzes, maar de terughoudendheid van veel hoogleraren zette kwaad bloed.

Vanaf september 1943 was de universiteit alleen nog open voor de 'tekenaars' van de loyaliteitsverklaring, en vanaf september 1944 konden ook zij er niet meer terecht. De inschrijving was gesloten, al bleef de universiteit de hele oorlog open. Een substantieel deel van de studenten dat niet had getekend, volgde in deze laatste twee jaar onderwijs aan een door de studenten met hulp van het personeel opgezette clandestiene universiteit. Een ander deel was de illegaliteit ingegaan, met als triest resultaat dat niet minder dan zestien studenten omkwamen bij gevechts- en verzetshandelingen, veertig studenten en drie personeelsleden werden gefusilleerd en nog eens vier personeelsleden en twintig studenten het leven lieten in een gevangenis of straf- of concentratiekamp. Net als de stad kwam de Universiteit van Amsterdam in veel opzichten zwaar geschonden uit de oorlog.

Nieuw elan

Het aanzien van de Vrije Universiteit en de Katholieke Universiteit Nijmegen was door de oorlog minder gehavend dan dat van de meeste openbare universiteiten. Zij vormden morele gemeenschappen van hoogleraren en studenten met hetzelfde geloof en gedeelde normen en waarden. Hoogleraren bekleedden in deze geloofsgemeenschappen vooraanstaande posities en zij namen als vanzelfsprekend de rol van moreel leidsman op zich. Door hun toedoen had aan de VU en in Nijmegen vrijwel niemand de loyaliteitsverklaring getekend.

Aan de openbare universiteiten had dit jaloezie gewekt. In het bijzonder aan de Universiteit van Amsterdam en in Groningen wekte dit een streven naar een vergelijkbare morele gemeenschap, een *civitas academica* van hoogleraren, staf, studenten en afgestudeerden waarbinnen de professoren weer verantwoordelijk werden voor vorming van de studenten in brede zin. Meteen na de oorlog werd de loyaliteitsverklaring het ijkpunt voor wie tot deze gemeenschap behoorde en wie niet. Studenten die getekend hadden, werden voor enige tijd van de studie uitgesloten en hoogleraren die het tekenen hadden aangemoedigd, werden berispt.

In Amsterdam werd de academische gemeenschap organisatorisch vormgegeven in de Stichting Civitas Academica. Hier werden in de loop van de tijd stichtingen ondergebracht zoals de studentenartsen, studentenhuisvesting, studenten-eettafels, sportvoorzieningen en de universiteitskrant *Folia Civitatis*, later *Folia*. De Civitas werd zo een instrument in een nieuwe taak die de universiteit na de oorlog op zich had genomen: de zorg voor het welzijn van de studenten.

De studenten gaven uiting aan dit gemeenschapsstreven door de oprichting van een Algemene Studenten Vereniging Amsterdam (Asva). Tijdens de oorlog was gebleken hoe belangrijk het was elke student te kunnen bereiken in een stad die zo groot was dat sociale controle op de studenten onmogelijk was. De Asva wilde alle studenten verenigen en bij de academische gemeenschap betrekken. Onder de naoorlogse studenten sloeg dit echter nauwelijks aan. De vooroorlogse studentenverenigingen herleefden en kwamen weer tot bloei. De Asva werd een studentenparlement zonder veel invloed. Pas in de loop van de jaren 1960 zou zij zich opnieuw manifesteren.

Het streven naar een academische gemeenschap was verwant aan het initiatief tot de oprichting van een faculteit der politieke en sociale wetenschappen. Deze 'zevende' faculteit moest bijdragen aan de sociale dienstbaarheid van de universiteit door het bestuderen van maatschappelijke vraagstukken en het verdiepen van de democratie. Ook zou zij een groep politici, vakverenigingsbestuurders en ambtenaren vormen die de samenleving tot moreel kompas kon dienen. De linkse signatuur van de in deze faculteit te benoemen nieuwe hoogleraren, in het bijzonder die voor de wetenschap der politiek, veroorzaakte veel ophef. De katholieke minister van Onderwijs J.J. Gielen weigerde de benoeming van drie van deze vier hoogleraren te bekrachtigen. Hij stemde pas in nadat de gemeenteraad de als communist beschouwde Jef Suys voor politicologie had ingeruild voor de als socialist beter aanvaardbare Jan Barents. De faculteit werd in 1947 geopend.

Toch stuitte het streven naar een academische gemeenschap bij veel hoogleraren op scepsis. Met enkele spottende woorden had rector magnificus J.J. van Loghem er in september 1945 korte metten mee gemaakt. Hij vond het ongepast bij de benoeming van hoogleraren hun wereldbeschouwing, hun karakter en hun geschiktheid voor de morele, wijsgerige, sociale, politieke en lichamelijke vorming van studenten mee te wegen. Studenten kwamen niet naar de universiteit om te worden gevormd, maar 'om zichzelf te vormen'. Bij de benoeming van hoogleraren bleef wetenschappelijke kwaliteit voorop staan.

Naar een nieuwe status

De goede reputatie die de Nederlandse Hervormde Kerk tijdens de bezetting had verworven, bracht de gemeenteraad ertoe na een halve eeuw weer hoogleraren voor de hervormde predikantenopleiding te benoemen. De universiteit had nu zeven volwaardige faculteiten. Dit was hoognodig omdat de wetenschapsbeoefening in Nederland door de bezetting was achteropgeraakt. Geleerden in de bezette gebieden waren verstoken gebleven van internationale tijdschriften, en er was geen geld en geen gelegenheid geweest voor nieuw onderzoek. Om het fundamentele onderzoek te stimuleren, richtte de regering in 1947 de Nederlandse Organisatie voor Zuiver-Wetenschappelijk Onderzoek op. En in de jaren 1950 werd op grote schaal geïnvesteerd in wetenschappelijk onderwijs en onderzoek. In Eindhoven werd een tweede Technische Hoge-school gesticht en al snel werd er gesproken over een derde. Verder ontvingen de bijzondere universiteiten sinds 1948 een rijksbijdrage van 65 procent in de bouw- en exploitatiekosten, zodat zij konden uitbreiden met de wettelijk vereiste, maar dure faculteiten der geneeskunde en (in Nijmegen, de VU had die al) de natuurwetenschappen.

In deze jaren moest de Universiteit van Amsterdam toezien hoe zij terrein verloor. Kort na de oorlog was zij snel gegroeid en met ruim 7000 studenten de grootste in het land geworden. In 1954-1955 was 30 procent van alle Nederlandse studenten ingeschreven aan de gemeentelijke universiteit, vijf jaar later was dit nog maar 18 procent. In 1947 had minister Gielen verklaard een eind te willen maken aan de 'misstand' van de 'bevoorrechting' van de UvA door de gemeente. Hij werd hierin geholpen door een gebrek aan visie op de ontwikkeling van de universiteit in de gemeenteraad. Maar het grootste probleem was dat Amsterdam niet meer mocht bouwen voor de uit haar voegen barstende universiteit. Tijdens de wederopbouw bepaalde niet de gemeente, maar de rijksoverheid hoeveel en waarvoor mocht worden gebouwd, en hierbij kreeg niet de universiteit prioriteit, maar de infrastructuur van de stad en woningbouw.

Na de benoemingsaffaire bij de oprichting van de zevende faculteit was rijkssubsidie voor de gemeentelijke universiteit een tijd onbespreekbaar geweest. Uit vrees achterop te raken bij de overige universiteiten werd in 1954 onder druk van de hoogleraren een draai gemaakt. In september van dit jaar vroeg de rector magnificus zich in het openbaar af of het niet billijk zou zijn als het rijk een deel van de kosten op zich nam. Volgens hem werd de gemeentelijke universiteit zuinig beheerd en waren de kosten per student er lager dan elders, maar ook zij zou niet aan grote uitgaven ontkomen.

Spoedig hierna werden besprekingen aangeknoopt met minister van Onderwijs J.M.L.Th. Cals. Die resulteerden erin dat het rijk met ingang van 1961 95 procent van de kosten op zich nam. De prijs hiervoor was dat de stad het benoemingsrecht van hoogleraren en lectoren verloor. Niettemin bleef de UvA een gemeentelijke universiteit. In het college van curatoren kregen de burgemeester en de wethouder van Onderwijs ambtshalve zitting, terwijl de gemeenteraad drie van de zes overige curatoren benoemde, en de gemeente de resterende 5 procent van de kosten droeg. Met ingang van 1 november 1970 nam het rijk de financiering volledig over.

Groeistuipen

Na de oorlog overtroffen de aantallen studenten telkens de voorspellingen. In 1963-1964 zou de eerste lichting van de naoorlogse geboortegolf de universiteit bereiken en in 1970 werden er 56.000 studenten verwacht. Het zouden er 103.000 zijn.

Deze geboortegolf was niet uniek voor Nederland. In grote delen van Europa en in de Verenigde Staten deed zich hetzelfde voor. En overal ging een veel groter deel van de jongeren naar het secundair onderwijs en daarna naar de universiteit dan voor de oorlog. Elk land zocht een oplossing voor deze *explosion scolaire*. In Frankrijk werd het universitaire onderwijs gereorganiseerd en breed toegankelijk gemaakt. Hiernaast kwamen er *grandes écoles* met hoge toegangseisen.

In Duitsland werden nieuwe universiteiten gesticht. In België kregen de universiteiten de gelegenheid dependances te openen, en kwamen er enkele nieuwe 'universitaire instellingen'. Als gevolg van de taalstrijd ontstonden toch twee nieuwe universiteiten. De Université Catholique moest verhuizen naar Louvain-la-Neuve om in Leuven plaats te maken voor de Katholieke Universiteit en in Brussel verscheen naast de Université Libre een Vrije Universiteit. In Engeland werden onophoudelijk nieuwe universiteiten en technische hogescholen gesticht. In 1997 had het land al 115 universiteiten.

De Nederlandse regering wilde volstaan met uitbreiding van de bestaande universiteiten en hogescholen, totdat elke universiteit bijna alle faculteiten telde, en er werd een derde Technische Hogeschool gesticht in Twente. Maar dit bleek niet voldoende. In 1973 ontstond uit een fusie van de Nederlandse Economische Hogeschool met de in Rotterdam gevestigde medische faculteit de Erasmus Universiteit. De Medische Faculteit Maastricht, die in 1974 haar deuren opende, werd uitgebreid tot Rijksuniversiteit Limburg, tegenwoordig Universiteit Maastricht.

In 1964 had de UvA al 10.000 studenten. Dit plaatste het college van curatoren voor de vraag hoe groot een universiteit mocht worden. Door de groei, gevoegd bij de ontwikkelingen in de wetenschap – bijna elke maand werden wel een nieuwe leerstoel en een nieuw lectoraat ingesteld – had de universiteit snel nieuwe gebouwen nodig. Maar voor hoeveel studenten moest er worden gebouwd? Voor 15.000 studenten, misschien wel 35.000, of zelfs 75.000?

In Amsterdam meende men te weten dat het ministerie dacht aan een maximum van 15.000 studenten. In 1960 was al begonnen met nieuwbouw voor de exacte wetenschappen op het Roeterseiland. Voor een nieuw academisch ziekenhuis met bijbehorende laboratoria werd gedacht aan vervanging van het toenmalige Wilhelmina Gasthuis of nieuwbouw in de wijk Slotervaart. Een derde mogelijkheid, in de toen nog niet door

Amsterdam geannexeerde Bijlmermeer, kwam later in beeld. Het plan voor de overige faculteiten kwam de wethouder van Publieke Werken, Joop den Uyl, in 1964 persoonlijk toelichten. Hij wilde een reusachtig complex bouwen met een gemiddelde hoogte van 21 meter dat zich zou uitstrekken van de Oudemanhuispoort tot aan de universiteitsbibliotheek. Mocht de universiteit groter worden dan 15.000 studenten, dan sloot hij een derde universiteit in Amsterdam niet uit.

Deze schets paste naadloos in Den Uyls plan om van Amsterdam een moderne stad te maken, een Manhattan aan de Amstel. Hij wilde de negentiende-eeuwse stadsdelen afbreken ten behoeve van kantoortorens voor het bedrijfsleven. Hier omheen zou een krans van tuinsteden komen. Van al deze plannen kwam niets. De universiteit kon niet wachten en kocht of huurde tientallen grote en kleinere panden. Veel belangrijker was evenwel de beweging die in de stad ontstond tegen de grootscheepse afbraakplannen van Den Uyl en zijn opvolgers. In enkele jaren tijd sloeg de stemming volledig om naar behoud van de traditionele stad.

Roerige jaren

De omslag was een van de gevolgen van de culturele revolutie die zich in de jaren 1960 in de westerse wereld voltrok. Uit deze antiautoritaire beweging kwam een studentenbeweging voort die van de Verenigde Staten oversloeg naar Frankrijk en Duitsland. Studentenopstanden in Frankrijk in 1968 werden gevolgd door massale stakingen, en in Duitsland liepen de protesten uit op gewelddadige confrontaties.

In Nederland was in 1963 in Nijmegen de Studenten Vakbeweging (SVB) opgericht. Deze SVB vroeg maatschappelijke erkenning van de student als 'werkende' jongere en meer inspraak van studenten in de universiteit. Deelname door studenten aan demonstraties tegen de Amerikaanse bombardementen in Vietnam droeg bij aan politisering van de svb. Buiten Nijmegen sloeg dit vooral aan in Tilburg en in Amsterdam, waar de Asva haar spreekbuis werd en de beweging, geïnspireerd door Provo, activistischer. Het kleine anarchistische groepje provo's had het gezag uitgedaagd met 'happenings' op het Spui en andere relletjes, die voor veel publiciteit in binnen- en buitenland zorgden. Provo maakte school doordat het had laten zien hoe gemakkelijk het gezag van zijn voetstuk kon worden gestoten. Zeker zo belangrijk was dat Provo brak met elke vorm van standsbewustzijn. In Provo hadden studenten en arbeidersjongens gezamenlijk acties beraamd en uitgevoerd. Voor de studenten, die tot dan toe een sterk standsbesef hadden gehad, was dit nieuw. Voor het eerst wilden zij solidair zijn met andere, niet-studerende jongeren.

De vijf dagen durende bezetting van het Maagdenhuis in mei 1969 geldt als hét symbool van het studentenprotest tegen de autoritair bestuurde universiteit. Toch was een maand eerder al het hoofdgebouw van de Katholieke Hogeschool Tilburg door studenten bezet uit protest tegen het afwijzen van democratisering van het bestuur. Bovendien was de universitaire wereld er al lang van overtuigd dat de toenmalige bestuursvorm, met aan de top een college van curatoren voor wie dit bestuurswerk een nevenfunctie was, achterhaald was. Aan de Universiteit van Amsterdam werd sinds 1965 gedacht in de richting van een beroepsbestuur zoals het later vorm kreeg in de colleges van bestuur. Na veel discussie op alle mogelijke niveaus had de minister van Onderwijs in 1968 een nota bestuurshervorming aangekondigd.

Veel elementen van de Wet universitaire bestuurshervorming (wub) circuleerden dus al vóór en ten tijde van de Maagdenhuisbezetting. De wet voorzag in een universiteitsraad, die bestond uit vertegenwoordigers van de wetenschappelijke staf, het niet-wetenschappelijke personeel en de studenten, die elk door hun geleding waren gekozen. Deze raad was het hoogste bestuursorgaan. De uitvoering van zijn besluiten lag naar analogie van de verhouding tussen de gemeenteraad en het college van burgemeester en wethouders bij een vijfkoppig college van bestuur. Evenzo kreeg elke faculteit een faculteitsraad en een faculteitsbestuur. De wet trad op 1 mei 1971 aan de UvA in werking. Hiermee verdween de gemeentelijke inbreng in de universiteit.

Omstreden bestuur, omstreden disciplines

De studenten kregen zo meer dan zij hadden gevraagd. Maar voor de Asva, die als belangrijkste studentenpartij uit de Maagdenhuisbezetting was gekomen, was het niet meer genoeg. De Asva domineerde de studentenfractie in de universiteitsraad en wantrouwde het college van bestuur, net zoals een deel van de fractie Progressief Personeel. Het gevolg was dat de vergaderingen van de universiteitsraad dikwijls ontaardden in schorsingen, ruzies en verhitte debatten over moties van wantrouwen, procedurele kwesties en moties waarin de raad stelling moest nemen tegen alles wat er mis was in de wereld, en dat was in de ogen van de Asva-leden niet weinig.

Volgens het spraakmakende deel van de studenten was er ook heel veel mis binnen de universiteit, in het bijzonder bij de sociale wetenschappen. Net als ooit met de economische faculteit had de Universiteit van Amsterdam met de sociale wetenschappen het onderzoek meer op de samenleving willen richten. Maar net als bij economie hadden de hoogleraren vooral de wetenschappelijkheid van hun vak willen aantonen om serieus genomen te worden door hun ambtgenoten. Immers, wetenschappelijke vorming was de norm. Zo ontstond een canon van wat de desbetreffende wetenschap inhield en wat de studenten moesten kennen en kunnen.

Net als in andere landen voltrok zich in Nederland een 'swing away from science'. De aantallen studenten in de sociale wetenschappen en de letteren waren explosief gegroeid, ook aan de UvA. Deze studenten wilden de wetenschap in dienst van de samenleving stellen. Hiermee bedoelden zij meestal de emancipatie van de 'arbeidersklasse' in de strijd tussen 'arbeid en kapitaal'. Zij stelden in de sociale wetenschappen en in jongere takken van de letteren de canon ter discussie, waarbij zij steun kregen van sympathiserende jonge medewerkers. Dit leidde tot conflicten met hoogleraren die op college geen gelegenheid gaven tot discussie over de behandelde stof, over het gebrek aan aandacht voor de marxistische visie op de behandelde materie en over eenzijdig samengestelde literatuurlijsten. De eenzijdigheid betrof zowel de aard van de literatuur als het feit dat de studenten naar hun zin te weinig inbreng kregen in de samenstelling van de literatuurlijsten en het vaststellen van het onderwijsprogramma. Dikwijls ging het er hard aan toe. De activisten schrokken niet terug voor intimidatie en de ene bezetting volgde op de andere. In de jaren 1970 registreerde *Folia* 29 bezettingen, in de jaren 1980 nog eens 24.

In de andragologie was zelfs nog geen canon ontwikkeld, toen de studierichting plotseling populair werd. In de pers moesten de andragologen het ontgelden om hun wel heel ruime interpretatie van wat in hun ogen wetenschappelijk werk heette. Dit werd andragologie fataal toen minister W.J. Deetman van Onderwijs in 1982 de operatie Taakverdeling en Concentratie lanceerde. Deetman wilde bereiken dat de universiteiten zich profileerden en niet meer alle disciplines zouden aanbieden, zodat er per saldo kon worden bezuinigd. In een kwartetspel waarbij elke universiteit iets moest afstoten, hief de UvA na eindeloze overlegrondes farmacie en andragologie op, terwijl geologie werd overgeheveld naar de VU – waar slechts een deel van de medewerkers ook daadwerkelijk in dienst trad. Ook los van Deetmans operatie verdwenen er vakgebieden en studierichtingen. Zo werd de vakgroep milieukunde geprivatiseerd, en twintig jaar later alsnog opgeheven. Vertaalwetenschap verdween, net als de predikantenopleidingen. Van de voormalige theologische faculteit bleef alleen religiewetenschap over.

Herstel van de rust

De onrust had niets afgedaan aan de stroom studenten. In 1979-1980 telde de UvA bijna 25.000 studenten. Ook de samenstelling van de studentenpopulatie veranderde. Vrouwelijke studenten hadden lange tijd slechts een kleine minderheid gevormd, maar omstreeks 1985 vormden zij de meerderheid van de eerstejaars. Vijf jaar later gold dit voor het totaal van de studenten.

Rond 1980 had de Asva zich van haar achterban geïsoleerd en vertegenwoordigde zij nog maar 1 procent van de studenten. De meeste studenten hadden zich afgekeerd van de universiteitspolitiek. In de hierop volgende jaren kreeg aan de Universiteit van Amsterdam een nieuwe zakelijkheid de overhand, te beginnen bij het college van bestuur. Het kwaad was toen al geschied: door alle conflicten, ruzies, bezettingen en andere incidenten had de UvA een slechte reputatie gekregen.

Het omstreden bestuur en de onduidelijke gezagsstructuur hadden geleid tot grote financiële tekorten en verscheidene misstanden. De Universiteit van Amsterdam was al vaker onderwerp van vragen en debatten in de Tweede Kamer geweest, maar in 1996 betrof het een uiterst curieus geval. Uit publicaties in *Folia* was gebleken dat de UvA een 'spookprofessor' in dienst had met wie in 1988 was afgesproken dat hij geen onderwijs meer hoefde te geven en niet op zijn werk hoefde te verschijnen. Bij navraag bleek dat de universiteit in de jaren 1980 een zestigtal medewerkers had geteld die zich nooit lieten zien en niet functioneerden, maar niet konden worden ontslagen. In 1996 werden nog altijd acht medewerkers betaald uit een inmiddels centraal beheerd 'spokenpotje'.

Intussen was aan een deel van de universiteit ook in de roerigste jaren het onderzoek vrijwel rimpelloos voortgezet. Het succesvolle projectmatige model waarin dit werd verricht in de geneeskunde en de natuurwetenschappen, werd door het ministerie en de wetenschapsorganisaties opgelegd aan de sociale en de geesteswetenschappen, waar onderzoek een volstrekt individuele bezigheid was geweest. De projectmatige aanpak van onderzoek werd met de introductie in 1983 van de zogeheten voorwaardelijke financiering (van onderzoeksprojecten) ook voor deze faculteiten ingevoerd. Uiteindelijk ontstonden aan alle faculteiten onderzoeksinstituten en onderzoeksscholen. Deze instituties waren niet alleen opgelegd, zij gaven ook vorm aan een nieuw elan in het onderzoek en aan een verhoogd ambitieniveau. Dit is te zien aan het aantal promoties, dat sinds de jaren 1960 over de hele breedte van de universiteit sterk is gestegen.

Aandacht voor het onderwijs

Tot de invoering van de WUB was onderwijs net zo'n individuele activiteit en verantwoordelijkheid geweest als onderzoek. Elke hoogleraar eiste zijn plaats op in het onderwijs, maar zelden werkten zij hierin samen. Alleen bij theologie en geneeskunde bestond van oudsher een curriculum met een opbouw in jaren. In de andere faculteiten werd alleen onderscheiden in vakken voor het kandidaats en voor het doctoraal. Met welke colleges moest een eerstejaars beginnen? Welke eisen werden er voor examens gesteld? Wanneer moest tentamen of examen worden gedaan? Welke boeken moesten worden gelezen? Hierover was niets geregeld. Eerstejaars hoorden van oudere studenten hoe zij hun studie het best konden indelen.

In een poging de studieduur te bekorten en de hoge uitval tegen te gaan, ontstond aan het eind van de jaren 1960 meer aandacht voor de kwaliteit en de effectiviteit van het onderwijs. De beschikbaarheid van wetenschappelijke medewerkers maakte het mogelijk dit onderwijs te verbeteren. Er kwamen werkgroepen waarin van de studenten inbreng werd verwacht. Er kwamen op gezette tijden tentamens en per college of blok werd omschreven wat de studenten moesten kennen en kunnen. Dit alles moest de studieduur terugbrengen tot vier à zes jaar, afhankelijk van de studie. De kwaliteit van het onderwijs ging omhoog, maar dit leidde niet tot lagere uitvalpercentages of een veel kortere studieduur.

De Wet tweefasenstructuur uit 1981 was een poging een kortere studieduur te forceren en de universiteiten tegelijkertijd meer studenten te laten verwerken. Het idee was dat naar Anglo-Amerikaans voorbeeld een eerste fase van de studie vier jaar zou duren, waarna een klein deel zich in een tweede fase zou specialiseren. De tweede fase werd echter wegbezuinigd. Toch kon volgens de minister worden voldaan aan de wetenschappelijke vorming, omdat het niet nodig was dat studenten zelf onderzoek deden. Het volstond wanneer zij met onderzoek in aanraking kwamen en hun docenten voldoende wetenschappelijk waren gekwalificeerd.

Dit was een serieuze verenging van de wetenschappelijke vorming. De universiteiten legden zich hier niet bij neer en haalden de specialisatie naar voren. In de meeste faculteiten werd al na één of twee jaar begonnen met de specialisatie in een hoofdvak. Zo werd ruimte gecreëerd om de studenten toch enig onderzoek te laten doen. Bij de enorme aantallen studenten bleek dit echter een zware opgave, terwijl bovendien de uitval niet terugliep en de studieduur niet korter werd.

Universiteiten, academies en hogescholen

Wanneer in de zeventiende eeuw een leerling de Latijnse school met goed gevolg had doorlopen, heette het dat hij werd gepromoveerd tot de academische lessen. Hiermee werden de lessen aan een universiteit of andere instelling voor hoger onderwijs bedoeld. Academies van wetenschappen in de huidige betekenis bestonden nog niet in de Republiek. De Hollandsche Maatschappij der Wetenschappen was in 1752 de eerste. Dit was een genootschap van geleerden en amateurs dat de burgerij wilde voorlichten over de ontwikkelingen in de wetenschappen. De huidige Koninklijke Nederlandse Akademie van Wetenschappen is voortgekomen uit het in 1808 opgerichte Koninklijk Instituut van Wetenschappen, Letterkunde en Schoone Kunsten.

Tot in de twintigste eeuw werden de begrippen universiteit en hogeschool door elkaar gebruikt als de universiteit werd bedoeld, hoewel al in 1905 de hogeschool een aparte categorie in het onderwijs was geworden. De eerste was de Technische Hogeschool te Delft, die dat jaar tot instelling van hoger onderwijs werd bevorderd. Deze hogeschool had promotierecht, net als de latere hogescholen van deze aard: de Handelshogeschool Rotterdam (1913, later omgedoopt tot Nederlandse Economische Hogeschool); de Landbouwhogeschool in Wageningen (1917); de Katholieke Economische Hogeschool (1927, later omgedoopt tot Katholieke Hogeschool Tilburg); de Technische Hogeschool Eindhoven (1965) en de Technische Hogeschool Twente (1963). De aan deze hogescholen behaalde graden hadden hetzelfde aanzien als universitaire graden. Maar zij waren geen universiteiten omdat hogescholen niet de vijf bij de wet voorgeschreven klassieke faculteiten hadden.

De Erasmus Universiteit Rotterdam komt voort uit een fusie in 1973 van de plaatselijke hogeschool met een medische faculteit. De overige hogescholen werden in 1986 verheven tot universiteit. Hun plaatsen werden ingenomen door de vroegere scholen voor hoger beroepsonderwijs, die zich nu hogeschool mogen noemen.

5.   De universiteit als grootbedrijf

Stad en universiteit

Amsterdam is veranderd en de universiteit veranderde. Sinds de jaren 1960 zijn de meeste gezinnen uit de oude stad vertrokken. Nadat ook veel grote bedrijven uit het centrum waren verdwenen, vestigden zich er ondernemingen uit de dienstensector, zoals reclame- en adviesbureaus, en recentelijk vooral horeca en op toeristen gerichte winkels en bedrijfjes.

Ook de universiteiten trokken de stad uit, althans gedeeltelijk. De Vrije Universiteit bouwde een campus in Buitenveldert. De Universiteit van Amsterdam verplaatste alle medische en biomedische vakken naar het ziekenhuis in Amsterdam-Zuidoost, het Academisch Medisch Centrum (AMC). De bètavakken werden geconcentreerd in het Science Park in de Watergraafsmeer. Het Roeterseiland wordt het centrum voor economie, rechten en de sociale wetenschappen en de geesteswetenschappen worden bijeengebracht rond de Oudemanhuispoort en het Binnengasthuisterrein. De UvA heeft zo het grootste deel van haar bijna 5000 werknemers[2] en de grootste faculteiten in de stad gehouden.

Door deze verschuivingen wordt het huidige straatbeeld gedomineerd door toeristen en jongeren. Het aandeel van de studenten hierin is groot. De hogere beroepsopleidingen van de Hogeschool van Amsterdam telden in 2015 46.764 studenten, de Vrije Universiteit had er 22.897 en de Universiteit van Amsterdam 30.611. Samen hebben de hoofdstedelijke instellingen voor hoger onderwijs dus ruim 100.000 studenten. Deze enorme aantallen hebben hun weerslag op de stad gehad. Amsterdam, dat lang een grote stad met studenten was, is nu

---

2   Het personeel van de Faculteit der Geneeskunde en het AMC is hierin niet meegerekend.

Bezetting door studenten en docenten van de UvA van het Maagdenhuis, administratief centrum van de UvA aan het Spui. Studenten en publiek luisteren naar een lezing in de grote hal. Foto © Paul van Riel / Hollandse Hoogte.

een studentenstad met een bloeiende horeca en een groot en gevarieerd aanbod op het gebied van film, muziek en theater. Maar Amsterdam kent ook de spanningen tussen de bewoners van studentenhuizen en omwonenden. Deze spanningen tussen 'town' en 'gown' zijn zo oud als het instituut universiteit.

Overheid op afstand

De veranderingen aan de universiteit hebben gedeeltelijk te maken met het opnieuw gegroeide aantal studenten. Voor een deel komen zij ook voort uit de globalisering en de hiermee samenhangende behoefte aan gelijkwaardigheid van de in verschillende landen gangbare academische graden. En deels zijn ze het gevolg van een gewijzigde opstelling van de overheid.

Na de Tweede Wereldoorlog zag de regering het als haar taak te zorgen voor een hoger opgeleide bevolking. Er werd geïnvesteerd in hoger onderwijs, in wetenschappelijk onderzoek, en in een stelsel van studiebeurzen en renteloze voorschotten. Tegenwoordig formuleert de overheid nog slechts doelstellingen en acht zij zich alleen nog aansprakelijk voor het functioneren van het stelsel van hoger onderwijs. Zo moet volgens afspraken in EU-verband in 2020 40 procent van de 30- tot 34-jarigen met goed gevolg een opleiding in het hoger onderwijs hebben gevolgd. In Nederland was dit streefcijfer met 41 procent al in 2011 behaald. Maar de verantwoordelijkheid voor dit opleidingsniveau is bij de individuele burger gelegd. De collegegelden zijn gestegen en studenten moeten nu lenen om hun studie te bekostigen. De universiteiten hebben de verantwoordelijkheid gekregen voor de kwaliteit van hun onderwijs en onderzoek. Elke paar jaar wordt deze kwaliteit door commissies van deskundigen per faculteit of vakgebied beoordeeld.

Ten slotte vindt de overheid dat universiteiten met elkaar moeten concurreren om de gunst van de student en om het beschikbare onderzoeksbudget. Daarom financiert ze de universiteiten naar rato van de aantallen behaalde diploma's. Dit moet de faculteiten en opleidingen stimuleren hun onderwijsaanbod te verbeteren om studenten te trekken en te behouden. In de praktijk betekent dit dat studies zo aantrekkelijk mogelijk worden gemaakt en dat de universiteiten nog meer op elkaar lijken dan zij sinds de jaren 1960 al deden. Geen enkele universiteit kan het zich veroorloven een aantrekkelijk onderwijsmodel te missen, of een nieuwe studie die veel studenten trekt. Hier gebeurt dus het tegenovergestelde van wat de minister beoogde.

Iets vergelijkbaars dreigt bij het onderzoek. Sinds grote sommen uit het budget van de universiteiten zijn overgeheveld naar de Nederlandse Organisatie voor Wetenschappelijk Onderzoek (NWO), hebben faculteiten nauwelijks nog geld voor onderzoek. Individuele onderzoekers moeten daarom met elkaar concurreren om geld van NWO, Europese fondsen of andere partijen als bedrijven, stichtingen en overheden. De gedachte is dat het onderzoek zo meer wordt gericht op de maatschappelijke vraag. Het risico is dat vooral onderzoeksvoorstellen worden gehonoreerd die aansluiten bij de heersende modes.

Desalniettemin is de kwaliteit van het onderwijs en onderzoek aan de UvA hoog gebleven. In twee van de bekendste internationale ranglijsten staat de UvA van de klassieke Nederlandse universiteiten zelfs het hoogst genoteerd. Opvallend is dat zij behalve in de natuurwetenschappen, psychologie en taalkunde uitblinkt in de ooit omstreden en bekritiseerde sociale wetenschappen.

Bachelors en masters

In 1999 spraken 29 ministers van Onderwijs in Bologna in Italië af dat zij uiterlijk in 2010 een stelsel van gelijkwaardige academische graden zouden invoeren die in de gehele Europese Hoger Onderwijs Ruimte (dus niet alleen in de Europese Unie) erkend worden. Dit werd de zogeheten bachelor-master- of BAMA-structuur, waarbij werd uitgegaan van een ten minste driejarige, op de arbeidsmarkt gerichte fase die wordt afgesloten met een bachelorexamen. Bachelors moeten desgewenst hun studie kunnen voortzetten om een masterdiploma te verkrijgen.

Dit stelsel werd in Nederland ingevoerd vanaf 2003 en verving het propedeutisch, kandidaats- en doctoraalexamen. Dit was een mijlpaal na driekwart eeuw discussie over het Britse en in het bijzonder het Amerikaanse stelsel van hoger onderwijs, dat door zijn grote wetenschappelijke prestaties toonaangevend was geworden. Ooit werden Nederlandse en andere grote geleerden uitgenodigd voor lezingentournees in de Verenigde Staten. Zij trokken er zalen vol Amerikaanse collega's die van heinde en ver waren gekomen om hen te horen. Nu vormen de beroemdste Amerikaanse universiteiten net als Oxford en Cambridge in veel vakgebieden het mekka van de wetenschapsbeoefening. Ook bestuurders van de UvA raakten geïnteresseerd in de organisatie van de Amerikaanse universiteiten en smeedden een alliantie met Columbia University in New York voor de uitwisseling van studenten, docenten en onderzoekers. Als verblijf- en ontmoetingsplaats had de UvA zelfs enige tijd een 'Amsterdam House' in die stad.

Bij de invoering van het bachelor- en masterexamen werd de in Nederland bestaande inrichting van het onderwijs, met een eenjarige propedeuse gevolgd door een driejarige specialisatie, op zijn kop gezet. Nu beginnen studenten met een driejarige brede oriëntatie op de gekozen studierichting, gevolgd door een één- of tweejarige masteropleiding waarin de student zich specialiseert. Dit heeft de mogelijkheden voor wetenschappelijke vorming opnieuw verminderd. Bij het bachelorexamen spreekt men daarom tegenwoordig liever van academische vorming. Bij wetenschappelijke vorming wordt gedacht aan de onderzoeksmasters en de promotie.

Van een brede algemene vorming voor elke student zoals aan de Amerikaanse *liberal arts colleges* is geen sprake. De meeste bacheloropleidingen zijn betrekkelijk smal gebleven en bieden uitsluitend vakken uit de gekozen discipline. Wel kunnen studenten kiezen voor interdisciplinaire bachelorprogramma's als Bèta-gamma – Politics, Psychology, Law and Economics PPLE) – of voor het Amsterdam University College, dat de UvA en de VU in 2009 gezamenlijk openden. Zij volgden hiermee het voorbeeld van het University College in Utrecht, dat in 1998 werd gesticht teneinde de massaliteit en de eenvormigheid van het universitaire onderwijs te doorbreken. Net als het Utrechtse College is het Amsterdam University College een *liberal arts and sciences college*. Het telt bijna 900 studenten, 300 in elk studiejaar, van wie 60 procent uit Nederland komt en 40 procent uit het buitenland. De voertaal is er Engels. Door interdisciplinair ingericht onderwijs en een combinatie van verplichte en vrij te kiezen vakken volgen de studenten er vakken uit verschillende disciplines en faculteiten, ook nog nadat zij in het tweede jaar een 'major' hebben gekozen die de helft van hun studietijd vergt.

Voor en tegen rendementsdenken

De grotere afstand tussen overheid en universiteiten is vastgelegd in de Wet modernisering universitaire bestuursorganisatie uit 1997. Hiermee kreeg elke universiteit een raad van toezicht die de leden van het college van bestuur benoemt. Voorheen gebeurde dit door de minister van Onderwijs. De wet maakte tevens een eind aan de democratie binnen de universiteiten, al werd de uiteindelijke vorm van het bestuur aan de instellingen zelf overgelaten. Aan de UvA zijn de universiteitsraad en de faculteitsraden vervangen door centrale en facultaire ondernemingsraden en studentenraden, die advies uitbrengen over alle ingrijpende beslissingen. Bij reorganisaties moeten deze raden instemmen. De universiteits- en faculteitsraden aan andere universiteiten hebben soms iets andere bevoegdheden.

De faculteiten van de UvA staan onder eenhoofdig bestuur van de decaan, zij het dat een deel van diens bevoegdheden is gedelegeerd aan facultaire directeuren bedrijfsvoering. Verder zijn er per faculteit onderwijsinstituten, onderzoeksinstituten, *colleges*, en *graduate schools*, allemaal met een directeur.

De gevolgen van deze reorganisatie waren niet direct zichtbaar. In de eerste jaren fungeerden de collegeleden, decanen en directeuren (vaak hoogleraren of universitair hoofddocenten) nog in de democratische verhoudingen die zij gewend waren, waardoor zij werden gevoed door de collega's op de 'werkvloer'. Maar na een jaar of tien bleek zich een vergadercircuit te hebben gevormd dat veel minder voeling hield met wat er onder het personeel en de studenten leefde. Deze trend versterkte een al eerder doorgedrongen mode in het management die voortkomt uit het neoliberale denken: het 'new public management'. Volgens deze leer kunnen openbare instellingen net zo rendabel opereren als bedrijven. Zo ziet de overheid de universiteiten als maatschappelijke ondernemingen die minder afhankelijk zijn van deze overheid en die een diversiteit aan inkomstenbronnen hebben. Dit heeft ertoe geleid dat het bestuur en beheer van de universiteiten steeds meer in het teken zijn komen te staan van concepten als bedrijf, markt, efficiency en rendement.

In deze jaren nam het college van bestuur enkele opmerkelijke en niet in alle opzichten geslaagde initiatieven. Het eerste was de samenwerking van de Universiteit van Amsterdam met de Hogeschool van Amsterdam (HvA). De bedoeling hiervan was studenten die niet wisten wat zij wilden studeren binnen een jaar in de juiste studierichting aan de universiteit of de hogeschool uitkwamen en onnodige uitval van studenten werd voorkomen. Het meest praktische leek dat de UvA en de HvA fuseerden tot één grote instelling voor hoger onderwijs. Toen dit wettelijk onmogelijk bleek, werd in 2003 één vierkoppig college benoemd dat beide instellingen bestuurt. In de praktijk bleken de cultuurverschillen echter groot. Mede hierdoor is van gezamenlijk aangeboden studierichtingen weinig terechtgekomen en valt de doorstroom van studenten van de HvA naar de UvA of andersom tegen. In 2016 is de samenwerking geëvalueerd, waarna besloten is de bestuurlijke personele unie te beëindigen.

Tegelijkertijd werd gewerkt aan nauwe samenwerking of zelfs een samengaan van de UvA en de Vrije Universiteit. Die fusie is geen onlogische gedachte. Sinds 1984 bestaat al het Academisch Centrum Tandheelkunde Amsterdam (ACTA), waarin de faculteiten der Tandheelkunde van de VU en de UvA zijn opgegaan. Met de HvA erbij zou een universiteit ontstaan die in Europa tot de grootste behoort. Dit plan strandde in 2011 echter door gebrek aan steun in de UvA. Een hierop volgende poging de bètafaculteiten van de VU en de UvA tot fusie te bewegen, stuitte op verzet van de ondernemingsraad en de studentenraad. Inmiddels werken beide faculteiten samen op het gebied van onderwijs en onderzoek.

Dat ook elders onvrede sluimerde, bleek niet veel later. In de geesteswetenschappen waren in korte tijd enkele reorganisaties doorgevoerd, en kwam in het najaar van 2014 ook een financieel tekort aan het licht. Om dit te bestrijden werd een radicaal bezuinigingsplan gelanceerd. Studierichtingen die te weinig studenten trokken om rendabel te zijn, zouden hun zelfstandigheid verliezen of zelfs verdwijnen. Hiertegen kwamen de studenten in actie. Zij bezetten in het begin van 2015 een van de faculteitsgebouwen, het Bungehuis. De eisen en de wensen van deze studenten en enkele docenten hadden een wijdere strekking dan alleen de bezuinigingen aan de Faculteit der Geesteswetenschappen en betroffen het rendementsdenken in het algemeen, en meer democratie aan de universiteit.

Kort nadat de bezetting van het Bungehuis was opgeheven, werd het Maagdenhuis bezet, voor de zoveelste keer. Net als de eerste keer was de publieke belangstelling groot. Waren de bezetters net als in 1969 de spreekbuis van een algemene onvrede? Was dit het begin van een nieuwe 'revolutie' in de universitaire wereld? Opvallend was dat het aan de andere universiteiten betrekkelijk rustig bleef. Verder publiceerde geen van de in en rond het Maagdenhuis optredende actiegroepen zoals Rethink UvA, De Nieuwe Universiteit en Humanities Rally een pamflet met eisen of een programma. Hierdoor bleven de wensen vaag en vluchtig. Maar de studentenopstand liep hoog op en leidde tot het vertrek van de collegevoorzitter. In 2016 stapte ook de raad van toezicht op, omdat hij te weinig vertrouwen genoot bij de ondernemings- en de studentenraad. De toekomst zal uitwijzen of de bezettingen en hun nasleep gevolgen zullen hebben.

Studeren anno nu

Het doel van universiteiten is nog zoals het in de jaren 1980 bij wet is geformuleerd: zij dienen tot het verzorgen van wetenschappelijk onderwijs, het verrichten van wetenschappelijk onderzoek en het opleiden van onderzoekers. Ook moeten zij aandacht schenken aan de persoonlijke ontplooiing van de studenten en aan de bevordering van hun maatschappelijk verantwoordelijkheidsbesef.

Bij de huidige aantallen studenten en het streven naar maximale rendementen is een bachelorstudie een bijna vanzelfsprekend verlengstuk van het vwo geworden. Voor niemand is dit duidelijker dan voor de studenten zelf, die spreken over school, klas en leraar als zij de universiteit, het college of een docent bedoelen. Om zo veel mogelijk studenten binnen de nominale studieduur een diploma te laten behalen, is het universitaire onderwijs veel meer gestructureerd dan voorheen, met geregelde opdrachten en toetsen. Tegelijkertijd bieden deze programma's nieuwsgierige en ondernemende studenten mogelijkheden te over om vakken en onderdelen uit verschillende studies en faculteiten te combineren.

Ondanks de volle studieprogramma's is het verenigings-leven van de studenten sinds de jaren 1980 weer opgebloeid. Tegenwoordig zijn er zo'n 25 studentenverenigingen, naast de vele faculteits- en studieverenigingen. Andere studenten combineren de studie met een meer of minder serieuze baan. De meesten zorgen zelf voor hun persoonlijke ontplooiing, binnen of buiten de universiteit, zoals zij altijd al deden.

Het staat vast dat het opleidingsniveau van de bevolking stijgt als gevolg van de schaalvergroting van het universitaire onderwijs. Dit is een groot goed. Ook slaagt de universiteit met onderzoeksmasters en promotieplaatsen nog altijd goed in het voortbrengen van wetenschapsbeoefenaren van hoog niveau. Verder biedt zij met executive masters en duale masters op een specifieke beroepspraktijk gerichte opleidingen. Maar doet de universiteit wel voldoende aan de algemene vorming van toekomstige leidinggevenden in andere sectoren van de samenleving? Het kan zijn dat het University College deze functie vervult, maar zou de vorming van toekomstige elites niet moeten plaatsvinden in tweejarige masters? Zou niet na selectie een relatief kleine groep moeten overblijven, die hierdoor het besef krijgt bijzonder te zijn? De universiteit zou deze groep een op leidinggevende functies gerichte vorming kunnen bieden en zo bijdragen aan de vorming van zich telkens vernieuwende elites, ongeveer zoals de Amsterdamse gemeenteraad het in 1877 voor zich zag: door middel van het verspreiden van smaak, geleerdheid en beschaving, maar dan met eigentijdse middelen en de blik gericht op de toekomst.

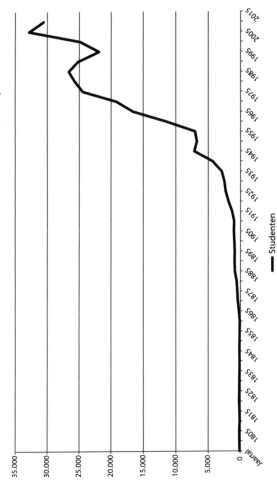

Aantallen studenten aan het Athenaeum Illustre en de Universiteit van Amsterdam, 1800-2015

— Studenten

Tussen 1800 en 2015 is het aantal studenten aan de UvA exponentieel gegroeid.

A History of the University of Amsterdam

A History of the University of Amsterdam

Peter Jan Knegtmans

AUP

The publication of this book is made possible by a grant from the Development & Alumni Relations Office of the University of Amsterdam.

Translated by Vivien Collingwood

Cover illustration: 'Minerva' in the garden of the Oudemanhuispoort. Photo: Dirk Gillissen

Cover design: Suzan Beijer
Lay-out: Crius Group, Hulshout

ISBN   978 94 6298 314 4
e-ISBN   978 90 4853 305 3 (pdf)
e-ISBN   978 90 4853 306 0 (ePub)
NUR   680

© P.J. Knegtmans / Amsterdam University Press B.V., Amsterdam 2017

Foreword

You've been presented with this book on the completion of your Master's degree programme at the University of Amsterdam (UvA). Many congratulations on obtaining your certificate, and welcome to the UvA's alumni community. You are now a member of a fantastic network of more than 150,000 former students of the UvA. People from a diverse range of backgrounds who have one thing in common: they once chose the UvA as the university where they wanted to study for their degree.

In this book, the historian of the university, P.J. Knegtmans, describes the history of your *alma mater*. Perhaps you'll open it immediately after your graduation ceremony, or perhaps only weeks, months or even years later. You're welcome to take your time; the history of an institution that is looking forward to celebrating its 400th anniversary in the coming years should remain relevant for a good while yet. Whenever you read it, it's good to know something about the history of your university. It's often said that you should 'know your history': where you're from, the family to which you belong. Knowing where you're from can help you to determine where you're going; and the university where you completed an essential part of your education is also part of your identity.

You'll read about the founding of the Athenaeum Illustre, the predecessor of the UvA, in 1632. Vossius and Barlaeus are discussed; names that sound familiar, even if we know them only from the streets in Amsterdam that bear them. How many of Amsterdam's citizens are aware, though, that these were the first professors to be appointed and hold inaugural lectures in the year the Athenaeum was founded? Other distinguished 'street names' are covered as well, such as that of the biologist Vrolik, who was already a professor aged 21. The names of Zeeman, Van der Waals and Asser also crop up.

It's no coincidence that university buildings and institutes were named after these UvA scholars: all three received Nobel Prizes.

This history is more than a hall of fame, though: of the few institutions that can boast a history of almost four centuries, none would claim that their history is a succession of high-points alone. What we also learn from this history is that discussions about the way in which education is organised, the balance between teaching and research, student numbers and the societal utility of degree programmes, have been going on for centuries. The intention here is not to relativise the importance of such discussions, but on the contrary, to show that the debate about our 'core business' is intrinsic to the development of the university.

As an alumnus, you are now taking the next step in your personal development. Whether you're entering the labour market, continuing in academia or first spending some time exploring the world, I wish you success and wisdom when taking this next step. We live in a world in which developments are taking place so rapidly in every respect, that it is almost impossible to predict where you might be, and what you might be doing, in ten or fifteen years' time. Whatever the case may be, I hope that looking back, you will be able to say: I am pleased with what I have achieved, and my degree programme at the University of Amsterdam undeniably helped me to get to where I am today.

Prof. Karen Maex
rector magnificus of the University of Amsterdam

Table of contents

Introduction

Universities are constantly changing. In the seventeenth century, the smallest European universities had just a handful of students, and only a few large ones, such as Leiden, ever had a thousand. The eighteenth century saw a general waning of interest in higher education, and the number of universities fell. The universities expanded again in the course of the nineteenth century, and new universities were founded. This process continued, to a greater extent, in the twentieth century.

As part of this process, the culture of and at the universities changed. For centuries, Dutch universities had nurtured the learned classes: that part of the population who read and spoke Latin. In the nineteenth century, Latin lost its status as the main language of scholarship to German, while Dutch eclipsed Latin as the teaching language at university. Nevertheless, the universities retained their elitist character. After all, studying was expensive and demand for university graduates remained small. Nowadays in the Netherlands, a university education is almost a continuation of the highest level of secondary school (VWO), and English is increasingly the language of instruction.

This book aims to offer a brief insight into the changes that occurred at one of the universities in the Netherlands: the University of Amsterdam (UvA). The complication is that the university's predecessor, the Athenaeum Illustre, also known as the Illustre or the Illustrious School, was not a university. For almost two centuries, the Athenaeum mainly played a bridging role between the Latin schools (the predecessors of today's *gymnasia* or grammar schools) and the universities. It did not have the right to examine or to award academic degrees. It did form part of the higher education system, though, and it underwent many of the changes that also affected the universities.

One of these changes related to research. For many years, research was largely a matter of collecting, describing, comparing and classifying. Today, researchers attempt to explain phenomena. This transformation of the objective and practice of research roughly coincided with the university's development into a centre of scholarly practice. Until that time, universities had been teaching institutions, first and foremost. Teaching likewise developed a new character and new forms. Until the nineteenth century, lecturers read at dictation speed from lecture notes, the *Corpus iuris* or another textbook, after which the trickier passages were explained. Very gradually, lectures became livelier, and with the so-called *privatissima,* a method of teaching was introduced whereby students participated in reflecting on and discussing the material at hand. What is more, the range of disciplines taught was constantly expanding. As a result of these changes in teaching and research, the university ideal of a classical education via a rather vague ideal of usefulness was transformed into a scholarly and academic education.

Despite all these changes, one characteristic of the Athenaeum Illustre and the UvA remained the same: their freedom from religious or political ties. The tone was set by the city government immediately upon the opening of the Athenaeum Illustre. Two professors were appointed who had been dismissed by the theological college in Leiden, because they were suspected of being apostates of the Dutch Reformed Church. Likewise, in the eighteenth century, an age when public offices were still reserved for members of the Dutch Reformed Church, professors of other creeds were sometimes appointed. The city did not go so far as to appoint a Catholic professor, though; this would only happen after the Athenaeum had been granted the status of a university.

The fact that the Athenaeum counted Catholics, Jews and dissenters among its students was less unusual, because they also studied at the universities. The Amsterdam Student Corps

demonstrated its independence in 1857, however, by electing a Jewish student as its rector at a time when Jews were by no means welcome among the city's elite.

The UvA's independent nature was also shown by the fact that while communists, ex-communists and revolutionary socialists were barred from the state universities, they could become professors in Amsterdam. The city simply took advantage of the opportunities that arose. Thus orthodox (*rechtzinnige*) Reformed believers were also appointed, and for many years the UvA was the only university to have a married female professor. One consequence of this independent spirit was that the Athenaeum and the UvA never became great suppliers of government ministers and state secretaries.

A second characteristic of the UvA is that it is a genuinely metropolitan university. From way back, its students were more worldly-wise than students elsewhere in the Netherlands. Amsterdam's students were less prone to withdrawing into their societies, and they contributed to cultural and political life. The Athenaeum and the UvA have never been ivory towers, and have always maintained strong links with the city's many cultural and scholarly institutions.

Finally, it is worth noting that the UvA has never changed its name since it first opened in 1877. In the Netherlands, only the University of Groningen and the Vrije Universiteit (VU University Amsterdam) can join the UvA in making this claim.

1. A unique school in Amsterdam

An Athenaeum Illustre

For all their prosperity, the regents of Amsterdam were a sober folk. Pomp and circumstance were lacking at the opening of the Athenaeum Illustre on Thursday 8 January 1632. On that day, the internationally celebrated scholar Gerardus Joannes Vossius was collected from his home by two regents and accompanied on foot to the small church of the former Agnietenklooster on Oudezijds Voorburgwal, which had been converted into a lecture hall. It was there that Vossius accepted his appointment as professor with a public lecture on the utility of history.

However commonplace this beginning might seem, there was something unique about the Athenaeum. This was not that Vossius gave his speech in Latin; Latin was the language of instruction at universities. Nor was it the fact that his colleague, Caspar Barlaeus, who the following day gave a famous speech entitled 'Mercator sapiens' (The wise merchant), sang the praises of Amsterdam's city government. In his view, the latter had revealed its wisdom by combining successful trade with the stimulation of languages, literature and philosophy. As a result, aspiring merchants who were unable to attend university could nevertheless benefit from a classical education. Rather, the unique thing about the new school was that the Athenaeum had to make do with two professors in the *artes liberales*: the liberal arts, intended for the general and classical education of students. In this, it distinguished itself from most universities, illustrious schools, illustrious *gymnasia* and other institutions of higher education of the time, which began with at least some professors of law and theology, too.

The students were young, as can be seen from this picture of a private lecture being given by a professor. By P. Jansen, engraved by F. H. van Hove. Detail from the title print of *Medicina generalis* by Professor G. Blasius (Amsterdam, 1661). University of Amsterdam, Special Collections.

Universities and illustrious schools were almost always founded in order to train public servants for the church and the state. This was the case for the university in Leuven, which for one and a half centuries had been *the* university in the Netherlands. Founded in 1425, it was a Catholic university – something that goes without saying, given that the whole of Europe was Catholic at the time. It was not long before its students were playing key roles in the administrative machinery of the dukes of the Burgundian Empire, of which the Netherlands formed a part.

Leuven lost its unique position due to the Reformation. After a violent preamble, with outbreaks of iconoclasm and the relentless persecution of heretics authorised by the new ruler of the Netherlands, the Spanish king Philip II, in 1572 the majority of towns in Holland and Zeeland united in a revolt against the government. This led to the separation of the Northern and Southern Netherlands. In 1575, the States of Holland, in a cultural declaration of independence, founded a university in Leiden that had to supply the new state in the Northern Netherlands (which didn't yet even formally exist) with loyal public servants and academically trained Reformed pastors. Ten years later, the States of Friesland followed this example by opening a university in Franeker. Once the Republic of the United Netherlands had consolidated its position and the Spanish troops had been driven out, a system of provincial universities developed – in Groningen (in 1614), Utrecht (1636) and Harderwijk (1648) – each with a provincial monopoly on the conferral of academic degrees.

Universities and illustrious schools

Universities had existed since the late twelfth century. In various sorts and sizes, they spread across Europe until, around 1650, saturation occurred. Every university was

granted the right, by the Pope or a secular power, to award academic degrees. In the early modern period, during which the universities of the Northern Netherlands were founded, the degrees of *magister* (master), *baccalàureus* (bachelor), *licentiatus* (licentiate) and *doctor* were more or less generally recognised. Equally common was the use of Latin for university teaching, scholarly dialogue and publications.

Many universities were organised into colleges in which groups of students or students and lecturers lived together, as had been the custom for centuries in Oxford and Cambridge. Most Protestant universities were organised into faculties, although there were also hybrids. Within the universities, theology – the fount of all branches of learning – enjoyed most prestige, followed by law and medicine. Hierarchically below these were the *artes*, with which a student would ideally begin his studies. Since the rise of humanism in the fifteenth century, the *artes* had included Latin and Greek, history, poetry and rhetoric, mathematics, physics and related disciplines, (classical) philosophy and ethics. Some students left university after having studied the *artes* for a few years, some with the degree of *magister artium* (master of arts). Others continued their studies in one of the higher disciplines or faculties. Due to the fact that until far into the eighteenth century the study of law mainly involved studying the *Corpus iuris* of Roman law, and of medicine the works of Hippocrates and Galenus, students could easily travel from one university to another, and this was common practice for many years. Thanks to Latin, neither national nor linguistic borders stood in their way.

There were other institutions for higher education in addition to the universities. There were seminaries and training colleges for pastors, under the supervision of the church. As part of a missionary offensive, illustrious *athenaea* and academic *gymnasia* were set up in the Protestant German states, the Republic and Scandinavia, to train pastors and

officials. They did not award degrees, and most had no more than three or four professors: in language, literature and philosophy, theology, law and sometimes also medicine.

Amsterdam: centre of trade, learning and the arts

Amsterdam had stayed Catholic for many years; the city joined the Revolt only in 1578, after Leiden got its university. In the fifty years that followed, Amsterdam developed rapidly into the centre of world trade. All of the world's continents and oceans were navigated from Amsterdam. The activities of the Dutch East India company (Verenigde Oost-Indische Compagnie, VOC) gave the city a monopoly on trade in large parts of Asia. Amsterdam had more than 100,000 residents, making it one of the largest cities on the continent. Thanks to the rapidly growing prosperity of part of its population, Amsterdam, with Rembrandt, Paulus Potter and others, became the centre of the arts for which the Dutch Golden Age was famous around the world.

There were many schools in Amsterdam. There were 'Low German' schools for elementary education in reading, writing and arithmetic. The so-called French and German schools offered an education in arithmetic, French, bookkeeping and sometimes also mathematics, history, geography and astronomy. There were also nautical colleges, and Amsterdam maintained two Latin schools. The latter prepared pupils for study at university, but at this time, aspiring merchants also followed the classes for a few years. Thus Barlaeus' notion of the 'wise merchant' was not merely an abstract ideal.

The city's tolerant atmosphere helped Amsterdam to become a centre of the book trade, with a considerable volume of exports. As the book trade served the whole European market, Amsterdam was home to numerous intellectuals of various sorts, who worked as publishers, booksellers, printers, correctors, translators and copywriters. The most famous

was Willem Jansz. Blaeu, whose world maps would become renowned across the globe.

While it seems that the city wanted to promote itself as an intellectual hub, it is nevertheless unlikely that the city government wanted to found a university. The governors of Amsterdam were well aware that Leiden held the privilege of granting academic degrees in Holland and Zeeland. Nor did the city want an ordinary illustrious school, though, such as those in Harderwijk (which would become a university in 1648) or Deventer. Amsterdam wanted a much more public type of institution that would attract scholars from across the world, and that would tempt students on their Grand Tours of well-known universities to call in at Amsterdam. It therefore needed celebrated professors; a strategy that succeeded in the case of Vossius, who was lured to Amsterdam for a considerable sum. Barlaeus, a kind of city poet who graced public and semi-public ceremonies with odes or speeches, added to Amsterdam's lustre in his own way. The city therefore hoped to draw the world-famous jurist Hugo Grotius and the great Italian Galileo Galilei to the Athenaeum, but both attempts failed. Daily lectures were therefore held in the Agnietenkapel by Barlaeus at 9 am and Vossius at 10 am, for an audience of students, merchants, doctors, lawyers, ambitious and attention-seeking young men, and passers-by who were visiting the city. The presence of Vossius did indeed attract scholars to the city: he was inundated with visitors and put Amsterdam on the map as a city of scholarship.

The Athenaeum as a propaedeutic institution

However important the public lectures may have been, the burgomasters legitimised the founding of the Athenaeum on the grounds that the parents of Amsterdam needed such an institution. Pupils left the Latin school before they had

even turned sixteen, and this was considered too young to be removed from parental supervision and sent to a university town. There was a fear that they would fall prey to licentiousness. What is more, the heads of the Latin schools believed that these pupils had an insufficient grasp of philosophy to be able to follow university lectures successfully. The Athenaeum was thus intended as a bridge between Latin school and university.

Amsterdam did not offer its students the privileges with which many a university city attempted to lure students, such as removing the duty on alcohol or the import of books. There was thus no need to ascertain who was a student and who was not, and students were not enrolled. This means that we do not know who studied at the Athenaeum. There cannot have been a great many students, though, because if there had been, the city would certainly have boasted about them. Amsterdam paraded its professors, but its students were never mentioned. Nevertheless, we do know the names of some students: from the professors' letters, from biographies, and, above all, from remaining copies of printed disputations and orations by students such as Burchard de Volder and Nicolaas Witsen. This pair continued their studies in Leiden. Other students who are known to have spent some time studying in Amsterdam also went on to Leiden or Utrecht, or sometimes to Franeker or Harderwijk.

Humanists, Cartesians and Spinozians

At the time of its founding, humanist scholarship was taught at the Athenaeum. Among the humanists of and after the Renaissance, there was a resurgence of interest in and admiration for pure, classical Latin and Greek, for the works of the great thinkers and writers of classical antiquity and for the Bible. At the same time, they remained open to contemporary discoveries of new continents, peoples, plants, animals and

heavenly bodies, and attempted to fit them all into the Aristotelian world-view. In Aristotle's world, everything had a place, meaning and purpose, and every object was ruled by 'natural inclinations' and 'intrinsic forces'. This natural philosophy was attractive for Christians, because it concurred with the belief that nature and life itself were the fulfilment of God's will.

For humanists, scholarly practice was a matter of completing the work begun by the classicists. Teaching at early modern universities and illustrious schools revolved around the reproduction of knowledge rather than the augmentation of knowledge, or doing research (or something that resembled research). The aim was to give students a command of these classics, in good Latin, and with an elegant rhetorical style. Students practised by holding orations in Latin and by disputing. The disputations or annotated theses tended to be written by the professors. For the student, the art was to defend these theses publicly in Latin.

In his public lectures, Barlaeus taught his listeners about Aristotle. Vossius addressed pre-Roman and Roman history, drawing analogies with his own time. At home, they gave private lessons to students for a fee. Neither was keen to see any deviation from the classics or from the consensus in the Church, and both had great difficulty with the modern heliocentric view of Copernicus and Galileo that the earth revolves around the sun – an idea that was briefly taught at the Athenaeum by a young mathematician, Martinus Hortensius.

After the deaths of Barlaeus (1648) and Vossius (1649), public lectures at the Agnietenkapel fell into the doldrums. During their time, the two had been joined by a few professors who had not stayed long enough or who were not interesting enough to draw an audience. Their successors – Johannes Klenck and Arnoldus Senguerdius (both appointed in 1648), and the mathematician Alexander de Bie (1654) – shifted the emphasis by making public disputes by their students the showcase of their teaching.

Disputes had also been held in Barlaeus and Vossius' time, but no disputations remain from that era, possibly because they were not printed. As De Bie, Klenck and Senguerdius did have them printed, we know which subjects they taught. Many disputations were discussions of Aristotle's work, such as his proposition that fire, as the lightest of the four elements, originated from the highest spheres of the sublunary world. For the students, this could no longer be assumed without question. Disputations on comets were also popular. The disputations show us that the students were aware of the most modern theories, but they contested them. According to the students, comets simply moved in accordance with God's laws. These were not necessarily their own views, though, for many disputations were written by the professors.

It is striking how traditional this teaching was in an age of scientific discoveries and new insights that made their way in the world partly via Amsterdam. Descartes' ideas were missing from the disputations in Amsterdam. His work was discussed extensively in Dutch universities in the 1640s and 1650s. In Leiden and Utrecht, these discussions degenerated into rows in which furniture was flung across the lecture halls and students mocked professors in the street. These 'Cartesian wars' concerned the biblical and classical certainties that Descartes had called into question. He had declared doubt to be the root of all philosophy and explained natural phenomena on the basis of a system of mathematically formulated hypothetical natural laws. God was thereby reduced to being the power that had set these natural laws in motion.

At Amsterdam's Athenaeum, Cartesianism received official sanction only around 1670, with the appointment of the Cartesians Johannes de Raey and Louis Wolzogen. Shortly beforehand, Wolzogen had refuted Spinozianism in a publication. He wanted to prevent theology from becoming subordinate to philosophy. After all, this was the consequence of the natural philosophy of Spinoza, who did not recognise a

supernatural God, but had God and nature coincide. People were forbidden to express this idea openly in the Republic, and it is unlikely that it was discussed at the Athenaeum.

The Athenaeum and city politics

In the final quarter of the seventeenth century, the Athenaeum was fitted out as an institution with the air of a university. The disastrous year of 1672, when French and German armies had occupied part of the Republic, had put an end to the rivalry between different regent factions. After some time, the tensions between the Church and the city government, which had flared up time and again, also lessened. From now onwards, the city would keep out of most ecclesiastical matters, while the Church was expected to respect the regents' authority when it came to secular affairs.

Now there was less danger of city and Church flying at one another's throats over the denomination of a professor of theology, in 1686 it became possible to appoint such a professor for the first time. The Athenaeum already had professors of law and medicine; the permission that professor Gerardus Blasius was given in 1669 to visit with his students a few beds in the Binnengasthuis hospital is regarded as the beginning of academic medicine in the city. With eight professors, the Athenaeum was a match for the small universities in Franeker and Harderwijk. In comparison with the university in Leiden, however, one of the largest and best in the Protestant world, the Athenaeum remained a puny institution.

The Athenaeum's development into a pocket-sized university (one that still lacked the right to examine) was probably the work of the burgomasters Johannes Hudde and Nicolaas Witsen. Both were prestigious scholars: Hudde a mathematician, Witsen an expert on Russia. After 1700, however, they lost their influence on city politics. The consequences for

the Athenaeum were all too clear. Professors' positions were not filled after their holders died and chairs were abolished. Eventually, in 1729 not a single professor was left, and there was just one lecturer, on the art of navigation.

Shortly afterwards, a fresh start was made with three professors: a professor of language, literature, history and rhetoric; a professor of law; and a professor of oriental (read: Semitic) languages. The Athenaeum thereby returned to its role of providing a bridge between the Latin school and university.

Until the final quarter of the eighteenth century, chairs were sometimes added and others disappeared, but in general terms, the Athenaeum retained its propaedeutic role. As well as preparing students for study at university, it regained its public function. This did not mean that public lectures were once again held in the Agnietenkapel, as in the days of Vossius and Barlaeus; the chapel remained silent. Most professors, however, belonged to one or more of the city's many literary and scholarly societies, where they frequently gave lectures.

In the mid-eighteenth century, the standard-bearer of the Athenaeum was the neo-humanist professor Petrus Burmannus Secundus: a Latinist, poet and orator, and professor in Amsterdam from 1742. While universities in the Republic and the Protestant German states were increasingly becoming institutions at which students could skip the propaedeutic subjects and immediately start to study law, theology or medicine in order to obtain a degree, under Burmannus' influence, the Athenaeum remained a school where students were trained in accordance with humanist principles. They studied the works of classical authors and orators and learned to imitate and parody them. Empirical research, which had started to appear in universities at the end of the seventeenth century, was for many years something to which the Athenaeum's professors paid little heed.

The air of a university?

The curtain fell on Burmannus' Athenaeum in 1771, when an ambitious young jurist, Hendrik Constantijn Cras, became professor of law. He transformed the Athenaeum into an institution that prepared students to take academic degrees. He chose to hold his lectures on the same days and times as Burmannus Secundus, who was always late returning to Amsterdam from his summer residence. In this way, Cras hijacked most of the students from under Burmannus' nose. He taught these students every subject they needed for their legal studies, including Dutch-language lectures on the ancient laws of Holland. Moreover, he allowed his best students to dispute once they had completed their studies. In the Protestant states, disputing, like the study of the *artes*, had fallen into disuse. Cras gave it a new twist. He allowed students to write their own theses, running to a few dozen pages, on historical, philosophical or legal subjects, such as the question of whether Brutus had been justified in killing Julius Caesar. Supported by two assistants or *paranimfen*, the student then defended his work as though he were in a real doctoral examination, before an audience of students, doctors, lawyers, regents and other family members. Cras provided the publicity. Most of these students would then defend doctoral theses a few weeks later in Leiden or Utrecht, so as to become masters of law.

Among Cras' colleagues, only the theologian J. van Nuys Klinkenberg took a comparable approach. Along with the professor of Semitic languages and Bible exegesis D.A. Walraven, he made the Athenaeum into a training college that supplied pastors to the city, the country and its colonies. As an institution, the Athenaeum thus appeared to be gaining the air of a university, although not a university in a modern sense. While the publications and competition entries submitted by Cras and a few of his colleagues were indeed successful, it was said that Walraven and his predecessor, H.A. Schultens, disapproved of the 'German passion for publication'.

Academic degrees

For many years, the doctorate was the most important degree in the Netherlands. Someone who took a doctorate in law was given the title *juris utriusque doctor* (doctor of both laws, J.U.D.). In medicine, the doctorate was known as the *medicinae doctor* (M.D.), and in theology as the *theologiae doctor* (Theol. Dr.). Most theologians did not gain a university degree, though, but took an ecclesiastical exam that qualified them to become a pastor. By contrast, jurists and physicians needed a doctoral title in order to practise as lawyers or physicians. Someone who took their doctorate from an *artes* faculty was given the degree of *magister artium*, later that of *artium liberalium magister* & *philosophiae doctor* (A.L.M. & Ph. Dr., or L.A.M. & Ph. Dr.). *Baccalaureaten* and *licentiaten* were seldom, if ever, granted, and no exam other than the admissions exam for the doctoral examination existed in Dutch universities prior to 1815.

After 1815, new doctoral degrees were introduced for medical students, jurists and graduates of the two propaedeutic faculties, all with Latin names. The arrangements for theologians remained the same. After the introduction of medical finals in 1865, it was no longer necessary for doctors to have a doctoral degree in order to practice.

Between 1877 and 1921, every discipline had its own doctoral degree. In 1921, this was limited to one doctoral degree per faculty. Nowadays this practice has also been abandoned, and candidates are examined to become a doctor without any additional titles.

Until 1921, a jurist was only permitted to call himself a master of law when he had taken his doctorate. From 1921, the *civiel effect* (the legal acknowledgement of the degree) was conferred in the *doctoraal* exam. Someone who passed this exam in a law faculty was permitted to call himself *meester* (mr.). In the other faculties, a graduate was known as a *doctorandus* (drs.). Graduates of agricultural colleges and colleges of technology were given the degree of *ingenieur* (ir.). These titles gave access to the professions for which a scholarly education was required.

The title of *doctorandus* is no longer awarded. After passing his Bachelor's and Master's examinations, a graduate can call himself a Bachelor or a Master. In law, the titles Bachelor and Master of Laws (LLB and LLM) are used; in the humanities, Bachelor and Master of Arts (BA and MA); and in the other subjects, Bachelor and Master of Science (BSc and MSc).

2. The Athenaeum between city and state, 1795-1860

A hybrid institution

The conquest of the Republic by French troops in January 1795 heralded the start of a sustained period of uncertainty for the Athenaeum Illustre. The French-backed Batavian Revolution that followed the conquest ushered in a struggle for power between democrats and moderates, and between federalists and unitarianists, advocates of a unitary state. In the radical phase of this revolution, the old federation of autonomous provinces was transformed into a unitary state. The question was whether this state had sufficient means to maintain five universities. Indeed, was there a need for such diversity in higher education? The uncertainty deepened when Paris' grip on developments in the Batavian Republic became firmer. In 1806 the Republic was replaced with the Kingdom of Holland, with a brother of the Emperor Napoleon installed as its king. In 1810, the Kingdom was subsequently incorporated into the centralist French empire, with all the consequences that this had.

The dual role that the Athenaeum fulfilled played no small part in its insecure predicament. It served the needs of students, the city and the citizenry, but its national significance was limited. It prepared students for studies in one of the higher faculties. Only two professors, Cras and Van Nuys Klinkenberg, had extended their teaching beyond this propaedeutic level. The teaching of Andreas Bonn, professor of anatomy and surgery, was intended for non-university trained surgeons or chirurgeons, the so-called 'second medical class'. Members of the first medical class, physicians with university doctorates, did not make incisions. They did little more than

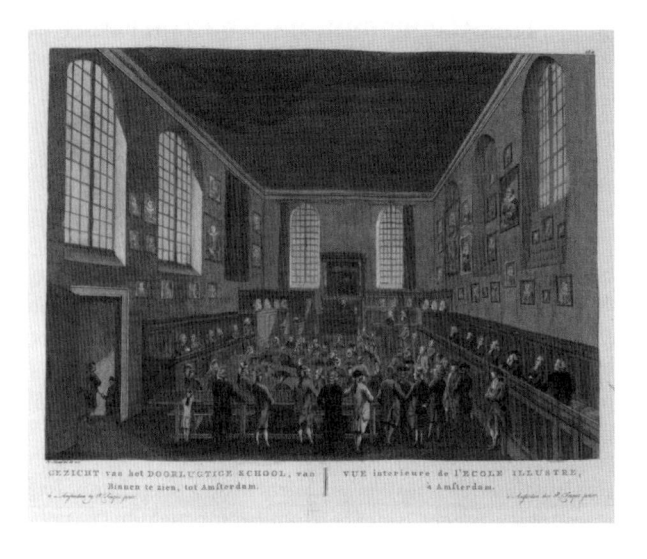

The main lecture theatre of the Athenaeum Illustre, probably during a disputation. Detail from an engraving by P. Fouquet, from *103 Afbeeldingen van de wydvermaarde koopstad Amsterdam* (Amsterdam, 1783). University of Amsterdam Library.

look at a patient's throat, feel their pulse and check, smell and taste their urine, and then write a prescription. Births were left to the obstetricians and midwives, incisions to the chirurgeons. Bonn earned respect through his attempts to improve the level of the chirurgeons, but at the Athenaneum he merely had an ancillary role.

With regard to another prominent scholar at the Athenaeum, Jean Henri van Swinden, it is unclear whether he was initially hired in order to teach. Van Swinden was an internationally renowned scholar with an excellent network, owing to his systematic and accurate observations of magnetism, electricity and meteorology. He published his results in national and international journals and many of his submissions

were awarded prizes by scientific societies abroad. Due to an unfortunate experimental set-up, however, he missed discovering the influence of electricity on magnetic forces.

Van Swinden had been a professor in Franeker. The city government probably brought him to Amsterdam to advise the city on technical and navigational issues. Once in Amsterdam, Van Swinden hardly worked on his earlier research, because he was constantly in demand. Whilst he did manage to publish a textbook on geometry that was reprinted many times, he mainly published reports in Amsterdam, such as on the then still-unsolved problem of how to calculate longitude at sea. He gave regular lectures for the general public, thereby personifying the hybrid character of the Athenaeum. His network would prove to be extremely significant for the city and for the Athenaeum.

The Athenaeum in trouble

In 1795, an assembly of 'provisional representatives of the people of Amsterdam' was appointed in Amsterdam to function as a provisional city government. It gradually became clear that little remained to be governed, because the city had lost its autonomy. On the one hand, the 'city council' was under pressure from increasingly radical district assemblies, in which a few of Amsterdam's students were briefly active. On the other hand, the city's autonomy was limited by the government in The Hague.

In such chaotic conditions, arbitrariness sometimes won the day. In 1796, the 21-year-old medical student Geradus Vrolik, who had not even graduated, was made professor of botany. Incredibly enough, the appointment would turn out well. At the same time, professors were being dismissed for political reasons. In Amsterdam, this was the fate that befell Cras and Van Nuys Klinkenberg, although Cras was swiftly restored to his position.

One major achievement of the Batavian Revolution was the separation of Church and State. Jews were granted civil rights and public functions were no longer reserved for members of the Dutch Reformed Church. The separation also gave rise to dilemmas, however. Who should pay the pastors, now that the funds could no longer come from national coffers? And who would pay the salaries of professors of theology? After some political manoeuvring in The Hague, the professors of theology got their jobs back and the government began paying them again.

In the meantime, in the elected parliament of the Batavian Republic, the view prevailed that a single university would do for the whole country: the University of Leiden. This idea was never pushed through, although the discussion about the reorganisation of higher education did not go away; and it was one in which Van Swinden would play a major role.

From 1795, Van Swinden was given, not entirely voluntarily, one important role after another. For a time, he was even a member of the country's central government. In France he had earned great respect with his performance at a conference on the metric system in 1798 and 1799. The intention of the conference was to determine a standard for the metre, with the aim of making this an international standard. What could be more satisfactory than to establish this standard under the leadership of a foreigner? Van Swinden was chosen, and he thereby earned his nickname 'Peter van de meter [Godfather of the metre]'.

In the Kingdom of Holland, Van Swinden was tasked with planning a royal institute of sciences, and he led a committee to prepare the reorganisation of higher education. In his recommendations, Van Swinden argued that all five universities should be retained, although they should be organised more along the lines of the modern German universities in Halle and Göttingen. There, new disciplines were being taught in German, such as diplomacy, geography and 'cameralism' (an early form of political economy and public administration). In his opinion, the illustrious schools in Amsterdam and Deventer

could also be retained. They should focus their teaching on what was important to those cities, with instruction in Dutch.

It is clear that for his recommendations, in addition to Germany Van Swinden also took a good look at daily practice at the Athenaeum. After the dissolution of the guild of chirurgeons in 1798, the Athenaeum had acquired a new task. The guild had been responsible for training chirurgeons or surgeons. However, this system of having physicians on the one hand and surgeons on the other was outdated. In London and Paris, the job of surgeon was now a professional position that required a high level of training. In Amsterdam, the teaching of future surgeons was assumed by a few professors from the Athenaeum. The quality of this education increased considerably when, in his lectures on obstetrics, Professor Vrolik introduced the use of a wooden pelvis with hinged parts and a doll with an elastic head. In the meantime, the division between physicians and surgeons endured.

The onrush of trainee surgeons and pharmacists was one reason why the Athenaeum had more students than the universities in Franeker, Groningen, Harderwijk or Utrecht. We know this because since 1799, records had been kept of who was studying in Amsterdam. This was the year in which English troops landed in North Holland, and many young men were terror-stricken by the looming threat of conscription. Young men were exempt from service if they were enrolled as students.

An imperial decree and a royal decision

After the French annexation of the Kingdom of Holland in 1810, Van Swinden's recommendations were no longer of interest. In France, all levels of education had been subject to the supervision of the Imperial University since 1808. This Imperial University undertook a radical reorganisation of higher education in the Dutch *arrondissements*. It was at this moment that

Van Swinden's fame and network proved decisive. During the Emperor Napoleon's visit to Amsterdam on Sunday 13 October 1811, Van Swinden alone, of all the professors, was presented to him. His name evidently rang a bell for the emperor. The latter asked Van Swinden: 'Que désirez-vous?' Quick-wittedly, Van Swinden answered: 'Sire, que Votre Majesté daigne conserver l'Athenée sur le pied actuel', whereupon the emperor reassured him with the words: 'Cela ne souffrira aucune difficulté.'[1]

Napoleon more or less kept his word. In an imperial decree enacted shortly afterwards, it was determined that the universities in Leiden and Groningen would retain their university status. By contrast, the universities in Franeker and Hardewijk and the Athenaeum in Deventer were to be shut down. The university in Utrecht and the Athenaeum in Amsterdam were relegated to being *écoles secondaires*. As no such schools yet existed, no one knew what this meant. In practice, everything carried on as usual, with the professors working for reduced salaries that were paid with great delay. In the end, the Athenaeum weathered this troubled period.

At the close of the Franco-Batavian era, Amsterdam was in a wretched state. The city's population had become impoverished, as international trade had virtually ground to a halt. The number of residents had fallen by almost 20 per cent, to around 180,000 in 1815. Houses lay vacant and whole blocks had collapsed. There had been a shift in trade flows, with London overtaking Amsterdam as the hub of colonial trade. Due to colossal debt, the state of the city's finances was atrocious. Until the mid-nineteenth century more than a quarter of the annual budget went on interest; repaying the debt itself was out of the question. In such circumstances, things would have looked bad for the Athenaeum, were it not

1 'What is your wish?' 'Sire, that Your Majesty should preserve the Athenaeum in its present state.' 'That will be no problem at all.'

for the fact that it was legally recognised and had been given an explicit task.

Following the defeat of Napoleon, the Northern and Southern Netherlands were united at the Congress of Vienna to form the United Kingdom of the Netherlands, with William I as king. With the so-called Organic Decision of 2 August 1815, William I regulated higher education in the northern part of his kingdom; the rules for the southern half would follow in 1817. The decisions included provisions on the Latin schools, the athenaea and the universities.

The northern part of the kingdom retained its universities in Leiden and Groningen, while the university in Utrecht was re-instated. From now onwards, Franeker and Harderwijk would have to make do with state athenaea. Amsterdam and Deventer could retain their athenaea. Although the provincial capitals were allowed to found an athenaeum, none did so. The Organic Decision gave the government a hold on higher education for the first time.

The athenaea were tasked with the dissemination of taste, civilisation and learning, and to give at least a partial university education to students who were unable to attend university. The universities had to prepare young men to become members of the scholarly class, making their living as lawyers, pastors or teachers in Latin schools, all professions that required a university degree.

With the Organic Decision, William I was harking back to the broad general and classical education of the *artes* faculty. The new element was that this faculty was now split, following the French example, into a faculty of language, literature and speculative philosophy, and a faculty of mathematics and natural philosophy. Someone who wished to study law or theology first had to take exams in language, literature and philosophy, while medical students had to take exams in mathematics and natural philosophy. Both of these propaedeutic examinations required around two years of study. In

the higher faculties, students first had to pass a *kandidaats-examen* and then a *doctoraalexamen* before they could take their doctorate, although theology students normally just took the *kandidaatsexamen*. The propaedeutic examination, *kandidaatsexamen* and *doctoraalexamen* could only be taken at a university. Latin remained the language of teaching and examining, including the doctoral exam itself.

A further novelty was that the Organic Decision prescribed the subjects on which students should be tested in each of the examinations. Among the new subjects for the propaedeutic examination in language, literature and philosophy were Dutch language and literature and history, for which professors were appointed at the universities. The regulation did not grant the Athenaeum the right to hold examinations or doctoral examinations.

Classical, higher and practical education

To allow the Athenaeum to maintain its propaedeutic function, the city council of Amsterdam established a chair in Dutch language, literature and history. Nevertheless, for many years the lectures on Latin and Greek given by the professor of classical languages, history, rhetoric and poetry, David Jacob van Lennep, drew the greatest numbers of students – sometimes even seventy or eighty. Van Lennep extolled the beauty of classical literature and poetry, which was read or chanted collectively. He thereby breathed new life into the humanist educational ideals of Vossius, Barlaeus and Burmannus Secundus.

The Organic Decision put the professors on firmer ground. Now that the subjects to be examined had been established, they could structure their teaching in such a way that their students could follow an entire course of study at the Athenaeum, and would only have to go to a university for the

examinations themselves. This worked for theology and law. From 1818, the theology professor Wessel Albertus van Hengel singlehandedly taught all of the theology subjects – from Bible exegesis to evangelism – until he left for Leiden in 1827, taking a whole group of students with him.

The professors Cornelis Anne den Tex and Jacob van Hall taught in two-yearly cycles, in which they each gave eight or nine subjects, which together formed a complete programme in law. Den Tex showed himself to be a supporter of the classical notion of universally applicable natural law, as had been taught by Cras. Van Hall, by contrast, was a supporter of the new German Historical School, which emphasised the mutability of law. Initially, their teaching offered students only a very partial preparation for professional legal practice. As the examination requirements for legal studies changed, however, they increasingly began to emphasise positive law in their teaching. They personally supervised the theses with which their students in Leiden or Utrecht gained their degrees. Only when they had approved a student's dissertation could it be submitted to the professor who would grant the doctorate making the student a master of law.

For medicine, the situation was different. The Athenaeum provided part of the teaching for trainee surgeons and pharmacists until the opening in 1828 of the Clinical School, known in full as the School of Medicine, Surgery and Obstetrics. The two professors at the Clinical School were given partial appointments at the Athenaeum, allowing students to follow an entire medical programme in Amsterdam, including the clinical subjects. In practice, this had little success. The clinical subjects were taught in Dutch simultaneously to the trainee clinicians and the students at the Athenaeum. The class-conscious medical students considered this below them; they wished to distinguish themselves from the other classes with their command of Latin. Moreover, the professors argued with each other, some professors passed

away, and there was a great deal of wrangling over teaching commitments.

Only at the end of the 1840s did relations improve and most medical students carry out all, or virtually all, of their studies in Amsterdam. From that time, the Athenaeum Illustre was more than a propaedeutic institution. Although it was smaller than the universities, in many respects it was comparable with them. As such, it distinguished itself from the other remaining illustrious school, the municipal Athenaeum in Deventer. The state athenaea in Harderwijk and Franeker had already closed in 1818 and 1843, owing to a lack of students.

From natural philosophy to natural science

For centuries, medicine and the natural sciences were dominated by a form of natural philosophy that harked back to the classics. According to the classical theory of the humours, disease was explained as an imbalance in the four bodily fluids (blood, yellow bile, black bile and phlegm). In the seventeenth and eighteenth centuries, important discoveries were made, such as the circulation of blood; there was a significant increase in anatomical knowledge; and the first microscopic research was conducted, for example on ophthalmic lenses. But when it came to the treatment of disease and conditions, these insights delivered next to nothing. Physicians prescribed concoctions of herbs that had proved effective in practice. Other common treatments included bloodletting and enemas. Due to the lack of an effective anaesthetic and the danger of infection, operations remained a perilous measure of last resort.

Natural philosophy had been based on the four classical elements of earth, air, water and fire. It had already been shown that earth was a composite. In the third quarter of the eighteenth century, researchers had succeeded in

isolating and identifying the different gasses that made up air. Since the seventeenth century, fire had been explained on the basis that every material contained a combustive element, phlogiston. The Frenchman Antoine-Laurent de Lavoisier discovered the role that oxygen played in combustion, spelling the end for fire as an element. Finally, in the eighteenth century, water was analysed and also shown to be a composite.

What did Amsterdam's students learn of these innovations and discoveries? Certainly, the strict division between physicians, surgeons and obstetricians disappeared because medical students also attended clinical classes. Physicians were increasingly moving onto the terrain of the surgeons and obstetricians. Someone who wanted to follow the developments in the natural sciences, however, would have found little or nothing to his liking at the Athenaeum. The professors of chemistry and pharmacy ignored all the new discoveries. They provided a propaedeutic education for medical students; they did not conduct research.

Only in the 1840s did the appointment of professors become slightly more rational, and they were expected to be experts in the field they taught. This notion was first expressed at the Athenaeum in 1847, when the governors were searching for a professor of chemistry and pharmacy. Samuel Sarphati, a doctor and entrepreneur, had put himself forward as a candidate. He taught these subjects to aspirant pharmacists and at a commercial school he had founded himself. Sarphati had the support of Amsterdam's mayor and one of the aldermen. But on closer examination by the governors, it proved that he had just one chemistry publication to his name. This was not enough to appoint him, and Edouard Henri von Baumhauer was chosen instead. The latter subsequently had to plead for ten years before a laboratory was set up in which his students could do experiments.

The botanist Friedrich Anton Wilhelm Miquel had little sympathy for the most recent evolutionary theories. He was familiar with the early work of Charles Darwin, however, and he was not blind to the newest geological and paleontological discoveries. He solved this problem with the idea of successive creations over billions of years. This must have made for exciting lectures, for his lecture room was always full to bursting.

The doctor Jan van Geuns and his fellow supporters of the modernisation of medical teaching no longer saw disease as an anatomical change, but as the result of chemical and physical processes. For them, medicine was a physical science. Van Geuns put this vision into practice in his education by having his students use a stethoscope at the sickbed, as well as introducing the thermometer, the laryngoscope for throat examinations, the otoscope and the ophthalmoscope for patient examinations. He was given a room in the Binnengasthuis hospital, where students could carry out physiological and pathological research.

Following the example of professor Gerrit Jan Mulder in Utrecht, Van Geuns and Von Baumhauer (a pupil of Mulder's) were pioneers of research by students, because they wanted to encourage their students to take an investigative approach. In Germany, where chemistry had taken off exponentially in a short time, people had already been convinced of this for a while. However, research became an objective in and of itself in the course of nineteenth century in Germany. This was not the case in the Netherlands. Here, for some professors, it was about the educational value of students practising science. Although this did not have immediate consequences for the practice of science, the quality of the teaching did improve enormously. It became more intellectually challenging and simultaneously set students on a search for practical solutions.

A municipal university?

Now that there was hardly any difference between the country's three universities and the Athenaeum Illustre, aside from the latter's small size and lack of rights to examine or hold doctoral examinations, a new question arose. Was it responsible to invest so much in an institution that in the 1850s was only attracting a dozen law students, fewer than five medical students, and mainly theology students? Wouldn't it be better for the city to close its Athenaeum, or should it be given the status of a university?

The Belgian secession of 1830 had thrown the country into a financial crisis. Investment in a restructuring of higher education was blocked, and the discussion about the reforms reached an impasse. If Amsterdam wanted to make its Athenaeum a university, it would have to do so itself. Pending a new law, this appeared to be the city's best strategy for securing its institute of higher education.

To familiarise themselves, in 1859 two governors of the Athenaeum travelled to Brussels and Leuven to visit the Université Libre and the Université Catholique. These two universities had been founded without any government intervention and were funded by private individuals (Brussels) and the Catholic Church (Leuven). A year later, the governors submitted a plan for making the Athenaeum a municipal university. The Clinical School had to be included in this. According to this plan, the students would no longer need to pay tuition fees to the professors, but would pay a sum to the rector magnificus when they registered. If this fee were handed over, the city would be able to pay the professors an annual salary of 3-4,000 guilders. A university with 27 professors and lecturers, spread over five faculties, would barely exceed the combined costs of the Athenaeum and the Clinical School.

When defending this proposal in the city council, it was observed that most European capital cities now had a university. This was a fact. In the Middle Ages and early modern period, most universities had been founded in smaller cities; Paris was an exception in Western Europe. But because it gave prestige and met a need, in the nineteenth century many large cities also got universities: Berlin, Brussels, London, Birmingham, Manchester and Munich. The debate in the council was largely about whether the state would grant the municipal university the right to hold examinations and doctoral examinations. At the end of the day, the proposal was adopted, despite all objections. The mayor and the aldermen were tasked with drawing up a plan.

The status of the professor

In the seventeenth century some professors in Amsterdam were expected to give private tuition to the regents' sons. A century later, their position had become less humble, but on taking office in 1771, the professor of law, Cras, was still obliged to present the text of his inaugural lecture to the presiding mayor before he could give it. A professor had to know his place.

After the Batavian Revolution, the standing of professors rose rapidly. Background and wealth were no longer the only factors deciding someone's societal position; performance and merit also became important. Cras and his colleague Van Swinden experienced this first-hand. Between 1798 and 1804, Cras was chair of the state commission tasked with designing a civil and criminal code. For some time, Van Swinden was a member of the Executive Authority of the Batavian Republic, and he was also summoned to Paris to approve the standard for the metre. As experts, they had become public figures. In 1814, along with 600 other notables, they were appointed to pass their judgement on the new constitution.

The prestige enjoyed by the professors Gerardus Vrolik and David Jacob van Lennep, each a generation younger than Cras and Van Swinden, is captured in the portraits that Charles Edward Hodges painted of them. Hodges was a much sought-after painter who painted portraits of virtually every member of the elite of Amsterdam and The Hague in the Kingdom of Holland and the United Kingdom of the Netherlands. Van Lennep's prestige was so great that he was even offered the mayoralty of Amsterdam in 1841, although he declined.

By now, we have lost count of the number of professors who have public functions, not to mention the number of professors who have since been asked for their opinion as experts. In recent years, however, the status of the professor has been eroded. This is partly a consequence of the erosion of power experienced by every form of authority; and it is partly linked to recent revelations of fraud, to which this profession has also proved not immune.

3. A metropolitan university, 1860-1932

A metropolitan air

Moods can change quickly in politics. One year after the mayor and aldermen were asked to draw up plans for a municipal university, the city council thought that this was no longer a good idea. Looking closely, wasn't this a matter for central government? What use would a university be to the city if it were not legally recognised? In that case, it wouldn't be able to confer degrees, just like the Athenaeum.

The following years saw the rise of a new entrepreneurial elite that shook the city council out of much of its timidity. Around 1865, trade and industry in the city appeared to be on the up again, and from 1870 the economy grew rapidly. One important cause of this was the opening up of the Dutch East Indies to private commerce. Trade was further promoted by the construction of the North Sea Canal, which was opened in 1876. In 1869, the decision was also made to build Central Station. The flourishing and growth attracted shipping companies, merchant banks, new factories and new residents. As a consequence of all these developments, people became aware that Amsterdam's role as a capital city brought with it a certain metropolitan style.

One of the first to develop this style was Samuel Sarphati. He had taken the initiative for the construction of the Paleis voor Volksvlijt of 1864, intended as a symbol of national strength and pride. The Amstel Hotel, with its metropolitan air, was also the product of his efforts. Others followed his example. The city got hotels, modern alehouses, theatres, concert halls, a series of striking Catholic churches designed by the architect Pierre Cuypers, and a park, the Vondelpark.

The Chemistry Laboratory on Nieuwe Prinsengracht, Roeterseiland, before 1902. University of Amsterdam, Special Collections.

In the end, the city authorities also joined in. Filling in some of the canals made the city look neater. In order to breathe new life into the languishing Royal Academy of Art as a state academy and to retain it for the city, the city decided to give it a suitable building. Likewise, a few years later, a decisive push was given in the long-running debate about a new state museum. The city provided the site for the museum and made a considerable contribution to the construction costs. Moreover, the municipal collection of old masters was housed in the new museum. With this and other private and mixed public-private initiatives to raise the city's status, Amsterdam had now rightly joined the club of attractive European capital cities.

A new medical degree programme

When it came to one matter, that of higher education, the city had been waiting for years. Admittedly, the Athenaeum had

got a new building in 1862. In the former civic guard clubhouse of 1512 on the Singel canal, today part of the University Library, every professor got a lecture room. Contrary to hopes, however, the Athenaeum fell into decline. Students stayed away and professors left in protest at their burdensome teaching commitments and the failure to take a decision on making the Athenaeum a university.

At this low point, the city was invited, as it were, by means of Minister J.R. Thorbecke's four new medical acts of 1865, to restructure the Athenaeum. These acts abolished the distinction between physicians, who mostly had doctorates and worked in the cities, and surgeons, who were mainly active in the countryside. Instead, there would be one form of physician: the doctor. Doctors would no longer need doctorates. One of the acts provided that anyone who wanted to practise medicine would have to take the state examination, regardless of his prior training. It was also determined that doctors should have a thorough training in the natural sciences and clinical subjects. The clinical schools were unable to meet these requirements. If the Athenaeum were able to, it could prepare students for this state examination. In 1867 the city council decided to found a medical department with no fewer than twelve well-paid professors and five lecturers. At the same time, the Amsterdam Clinical School was closed.

In the debate at the council, one of the councillors remarked that this would bring the teaching of medicine in Amsterdam to the same level as that in German universities, something he considered too pretentious for the Athenaeum. The fact was, however, that Amsterdam now had the most modern medical programme in the country. Owing to the lack of sufficiently qualified Dutch candidates, two Germans were also appointed as professors: a physiologist and a pathologist-anatomist.

It took time for the medical students to realise that they could now complete their studies at the Athenaeum.

Admittedly, the number of first-years – forty – was much higher than in preceding years, but it trailed behind expectations. This situation changed in 1868, when the military medical training college in Utrecht closed. This had been a non-academic programme, comparable with that of the clinical schools. Like the latter, the state training college had been unable to meet the new training requirements. The decision was therefore made to transfer it to Amsterdam's Athenaeum. In the autumn of 1868, 65 trainees enrolled here to study medicine. Over the years, the number of civilian medical students increased. The number of pharmacy students in Amsterdam had also grown considerably, as since 1865 they too had been obliged to sit a state examination in order to qualify as practising pharmacists. As a result, by 1876 almost half of all of the medical and pharmacy students in the Netherlands were studying at the Athenaeum. Now no one could escape the fact that this institution was more than just old and venerable; it was meeting a need and playing an exemplary role in higher education.

The University of Amsterdam

After Thorbecke's act on secondary education that gave rise to the high school system and the Polytechnic School in Delft, and his medical legislation of 1865, attention was finally paid to the reform of higher education in the Netherlands. The bill that was discussed by the Lower House did not include a provision on whether the Athenaeum would be given the status of a university. In Amsterdam, however, Gijsbert van Tienhoven had prepared the ground for the notion that the city could afford a university. He had resigned his professorship at the Athenaeum out of protest at his extensive teaching duties. As alderman for Finance, he now took the initiative to

lobby for a municipal university; and he succeeded, because the Lower House accepted an amendment that granted Amsterdam the right to make its Athenaeum a university, at its own expense. When Minister J. Heemskerk Azn. adopted this amendment and both the Upper and the Lower Houses passed the Higher Education Act in April 1876, Amsterdam could celebrate.

In the new act, the university was tasked with educating and preparing students for independent scholarly practice and for holding posts in society for which a scholarly training was required. In order to make room in the schedule for this, the classical education of students was devolved to the *gymnasia* (grammar schools). Students would henceforth have to have a diploma from a *gymnasium* in order to gain admittance to the examinations, or at least to have passed the state examination in Greek and Latin – even though practically all subjects had been taught in Dutch since the 1860s.

The next step was for the mayor and aldermen to put a local act concerning the regulation of the university to the city council. With this, no expense was spared. Mayor C.J.A. den Tex saw the act as an incentive to establish a university in Amsterdam that would be surpassed by no other. Amsterdam's city council thought that it should offer more than scholarly education alone. In the interests of trade, a chair was established in the geography and ethnology of the Dutch East Indies. For the general education of the citizenry, a chair was founded in modern languages and their literature, aesthetics and art history. With this latter chair, the university had to continue one of the tasks of the Atheaneum Illustre: that of disseminating taste, civilisation and learning. Moreover, a pledge was made to establish a new faculty of commercial science in the future. The group that had questioned the utility of a university in a trading hub was thereby also satisfied. The new university, which was named the University of Amsterdam, opened on 15 October 1877.

Rapid growth

The university started out with the five faculties required by law: those of theology, law, medicine, mathematics and physics, and languages, literature and philosophy. VU University Amsterdam, which was founded three years later on a private initiative and funded for many years through private donations, was given a fifty-year exemption from this obligation. It started with theology, law, languages, literature and philosophy, and an embryonic medical faculty that had only one professor for many years.

As the law prescribed which disciplines needed professors and the city had added a few chairs that were considered of interest to Amsterdam, the municipal university immediately had 37 professors and five lecturers: almost twice as many as the Athenaeum had had. Fifteen years later, there were almost fifty. With the new act, mathematics and physics and languages, literature and philosophy became fully-fledged faculties. These faculties received the most new chairs.

Initially, the faculty of languages and literature offered just two degree programmes: classical languages and Dutch language and literature. Someone who wanted to study the languages of the East Indian archipelago had to go to Leiden. The state university in Groningen was the only university to teach modern languages, although one could not obtain a degree in this. In 1912, the municipal university was the first in the west of the Netherlands to introduce chairs in modern languages. The natural sciences offered four degree programmes: mathematics and physics, chemistry, biology and pharmacy. Over time, astronomy and geology were added.

The Academic Statute of 1921 made it possible to obtain a degree in modern languages. History, art history and social geography became autonomous degree courses. Pedagogy and psychology were made subject specialisations in philosophy. In 1922, the university was the first to be enlarged with a faculty

of commercial science, which was renamed economic science ten years later. The state university in Utrecht had faculties for veterinary medicine and for Indology, while Leiden also had a training programme for civil servants bound for the colonies.

A jewel in Amsterdam's crown

In the university's opening year, the number of students was quite disappointing. The faculty of language and literature even had more professors than students. Fifteen years later, the university passed the milestone of 1,000 students. The numbers then slumped again, partly as a consequence of the abolition of the two chairs for the training of orthodox Reformed (*hervormd*) pastors. This had been a matter of principle for a mammoth alliance of Liberal and Calvinist councillors. They were opposed to the council funding chairs for the Dutch Reformed church while the Calvinist theologians of VU University and their Lutheran and Mennonite colleagues at the municipal university were funded by church communities themselves. After the closure of the Reformed pastors' training programme in Amsterdam, the theology faculty shrank to an insignificant size. The university's growth recovered after 1918. In the 1930s, only the universities in Leiden and Utrecht were slightly larger than the UvA.

From October 1880, the majority of students attended lectures in the Oudemanhuispoort. Until the 1960s, this was *the* university building and the official address of the university. It housed the senate room where the assembled professors met, the faculty rooms and the faculties' lecture rooms. Only professors who had a clinic or laboratory with a lecture hall did their teaching elsewhere. The Poort was also home to the Aula (in what is now the central hall with the large staircase), where doctoral degree ceremonies, inaugural lectures and other public meetings were held. The Aula was built with

money raised from private funds. The remainder was used to establish an alumni association, the Amsterdam University Association, which still grants scholarships, travel bursaries and subsidies via the Amsterdam University Fund.

As one would expect, the costs rose rapidly. When the university was founded, Mayor Den Tex thought that it could manage with 100,000 guilders a year. This proved an illusion. Especially in the natural sciences, the number of laboratories and institutes increased rapidly due to specialisation. As early as 1892, rising costs had led to a discussion about whether the city should divest the university to the state. The conclusion was clear, however: the university was a jewel in Amsterdam's crown.

Even the deep economic crisis of the 1930s did not prove a reason for the city council to wash its hands of the university, although it insisted on savings. When the mayor and aldermen hinted in 1939 that they wished to be rid of the university, this provoked the response from councillor Theo Thijssen, a writer of celebrated children's books, that without its university Amsterdam would descend into the sluggish anonymity of a provincial town. An exaggeration, perhaps, but he was not entirely wrong.

Scholarly education

Since 1850, Dutch universities had slowly developed into centres of scholarly practice. In so doing, they were following a trend that had started earlier in Germany, with the idea that the objective of higher education was scholarly education, as enshrined in the act of 1876. From that year onwards, professors were no longer appointed on the grounds of their characters, but exclusively on the basis of their scholarly qualities. That the professors embraced this notion can be seen from the titles of the inaugural lectures with which they accepted

their posts. Before 1876, every new professor spoke on the societal utility of his discipline, regardless of whether it was mathematics or history. After 1876, every professor referred to the scholarly significance of his discipline. Professors had become specialists.

This turn of events led to great changes in the area of teaching. Previously, lectures had been a form of knowledge transfer, whereby the professor read out the same text year after year. This gradually changed after 1850. The legal scholar J.Th. Buys regularly discussed political economy with students in his lectures, and others followed his example. Likewise, the jurist Tobias Asser constantly discussed examples from his legal practice in his teaching, and later from his experiences as a diplomat at international trade conferences. Now it was the objective of lectures to give the students insight into what was important or problematic, and to get them thinking critically and studying independently.

The students had difficulty with this; they sometimes came to lectures with very different expectations. Students of classical languages hoped for lectures on the beauty of classical literature, but got textual criticism. Many students also considered it a deficiency that the professors no longer told them exactly what to do.

Gradually, the students adapted to the new requirements. In the course of the 1890s, student faculty associations were founded in order to represent students' interests in the faculties. At the same time, they encouraged their scholarly education by organising congresses and lectures by celebrated scholars from the Netherlands and abroad. The shift of emphasis towards independent study was clearly visible among the law students. Many of them enrolled for just three years, presumably those in which they would regularly attend lectures. Then, two, three or four years later, they sat examinations after a period in which they might attend a few lectures, but mostly studied. The situations for languages, literature and

economics were hardly different. The need for self-study was also shown by the results of the *kandidaats* and *doctoraal* exams, which were held as orals. Someone who failed to pass would be given three, six or nine months – the minimum amount of extra study that the professors considered necessary on the student's part.

Nevertheless, in general scholarly education was not an overnight success. Of all the students who enrolled at the UvA between 1877 and 1926, the programmes that trained students for a profession – law, medicine, theology and pharmacy – enjoyed the highest pass rates, thus the highest percentages of graduates. Among the faculties that were especially focused on scholarly education – the natural sciences, languages and literature, and later also economics – pass rates were pitifully low. In languages and literature, fewer than half the students passed the *doctoraal* examination. In the natural sciences, the pass rate was slightly higher. However, the majority of students in mathematics and physics, chemistry, biology, astronomy, Dutch, history, classical languages, modern languages and economics did not pass the *doctoraal* examination.

A Second Golden Age

It was not until the 1930s that that the municipal bureau of statistics carried out the first study on pass rates and the average study duration in the various faculties. Nevertheless, the professors of languages, literature and the natural sciences cannot have failed to notice that not even half of their students, with the exception of the pharmacists, were making it to the finishing line. Many simply got by with a non-university certificate that qualified the holder to teach in secondary and grammar schools. The professors must have known this, but they refused to tailor their education more towards the skills needed by teachers.

Against their better judgement, the professors clung to the idea that university teaching was meant to give students a scholarly education. They had to, because only in this way could they legitimise their research – for in the opinion of the board, research was only meaningful to the extent that students were able to participate in it. Nowadays, the practice of research has become one of the university's core tasks, but in the past this was not so. If a professor needed money for equipment, he only received it if he could show that it would aid his teaching.

The governors did recognise the importance of scientific quality, of course. When the search was on for professors for the new university, the burgomaster was given a tip by the celebrated Utrecht physiologist and ophthamologist, F.C. Donders. 'There are currently two young men that you'll be able to get for a song now, but not later,' he apparently said of the chemist J.H. van 't Hoff and the botanist Hugo de Vries. They would more than fulfil their potential. Another example is that of the physicist Johannes Diderik van der Waals, who had made his name with a trailblazing thesis on the behaviour of gasses. Leiden University wanted him, but he seems to have chosen Amsterdam because he could be appointed here more quickly.

Just like the Leiden-based physicists H. Kamerlingh Onnes and Pieter Zeeman – who would succeed Van der Waals in Amsterdam –Van 't Hoff and De Vries developed their own research schools, with which they attracted many young and ambitious foreigners. Like Kamerlingh Onnes and H.A. Lorentz in Leiden, Van 't Hoff, Van der Waals and Zeeman would see their work rewarded with Nobel Prizes. The flourishing of science in the period between 1870 and 1930 was partly a consequence of the success of the new high-school system, which gave pupils a thorough grounding in studies in the exact sciences. In 1911, the abovementioned Tobias Asser received the Nobel Peace Prize for his contribution to international

private law. This flourishing coincided with strong economic growth and a revival of the arts. This period is thus known as a Second Golden Age.

Successive generations also included many stars. Paul Scholten became one of the most authoritative jurists in the Netherlands; L.E.J. Brouwer was the founder of intuitionist mathematics; and Antonie Pannekoek developed the field of astrophysics. To aid his search for new medicines, Ernst Laqueur founded the pharmaceutical firm N.V. Organon. With their more or less famous colleagues, they contributed to the professionalisation of scholarly research at the university and passed on their expertise to a select group of students.

A changed world

Thanks to rising prosperity since the mid-nineteenth century, it was no longer mainly doctors, lawyers and pastors who sent their sons to university. Increasingly, young men from non-academic backgrounds were also enrolling at university; and from the 1880s, it was no longer only young men who studied. This had an impact on the universities and on student life. For much of the nineteenth century, the student societies had had a monopoly on the representation of students, and almost all students had been members. Many young men from non-academic backgrounds felt uncomfortable in these traditional bastions of the scholarly classes, however, and young women were not admitted. As a result, other student associations arose in addition to, and sometimes in competition with, the societies. There were also students who did not join the new associations. In the twentieth century, students no longer formed a social and cultural unit.

The university likewise changed. Only the state university in Utrecht and VU University Amsterdam still had large theology faculties. Elsewhere, they shrank to become the

smallest faculties. The law faculties were large, although law graduates were no longer assured of an administrative post or job as a lawyer or on the bench. Medicine was attracting increasing numbers of future doctors and specialists. To a great extent, this was due to the breakthroughs that had been achieved in surgery and medicine. Operating was no longer a measure of last resort, and demand was gradually rising for paediatricians, obstetricians/gynaecologists and neurologists, in addition to surgeons, internists, psychiatrists and general practitioners. What is more, since the late nineteenth century, effective medicines had been developed to combat all kinds of diseases and conditions. This led to new university disciplines such as bacteriology, biochemistry and pharmacology.

High schools and girls' secondary schools were now preparing more pupils to study at university than before, giving rise to demand for well-trained teachers. This need was met, in particular, by faculties of language and literature and the natural sciences. For the time being, there was still little demand from industry for graduates in the natural sciences, with the exception of the chemical industry. Few professors saw opportunities for collaborating with industry or saw jobs for their students there. In the 1930s, a fear thus emerged of academic over-population and the emergence of an academic proletariat. The notion that modern society needed more highly educated people had not yet arisen.

Scholarly families

Early modern society, roughly the period between the discovery of America and the French Revolution, was grounded in nepotism and networks of patronage. This could not be avoided, including in the academic world. Someone who wanted to become a professor needed contacts, and someone who had a patron did not need to be a great scholar. In the German states, for example, the phenomenon of the *Familienuniversität* arose.

Although there was no such phenomenon in the Netherlands, in this country there were professorial dynasties. The Burman family, for example, had such a strong network that it supplied a whole contingent of professors to Utrecht, Leiden and Amsterdam in the seventeenth and eighteenth centuries. In the eighteenth century, three of them were associated with the Athenaeum: the classicist Petrus Burmannus Secundus; his older brother, the botanist Johannes Burman; and the latter's son Nicolaas Laurens, also a botanist. Due to their fame and contacts, comparable dynasties emerged in later years: Albert Schultens, his son Jan Jacob and his grandson Hendrik Albert were all Arabists in Leiden and Amsterdam. Gerardus Vrolik and his son Willem were even professors of medicine at the Athenaeum at the same time.

While there have always been families that produce or have produced a notable number of scholars, there are no longer dynasties as such. The Gunnings are one such typical scholarly family. To the Athenaeum and the UvA alone, they have supplied three professors of medicine (Willem Marius Gunning, Willem Boudewijn Gunning and Louisa Johanna Gunning-Schepers); one of theology (Johannes Hermanus Gunning); one of chemistry (Jan Willem Gunning); and an unsalaried university lecturer in pedagogy (another Johannes Hermanus Gunning). The family connection is not always so evident, however; Gustaaf Adolf van den Bergh van Eysinga was professor of theology at the UvA, his son-in-law Sjoerd Hofstra was professor of sociology there, and his daughter Marijke Gijswijt-Hofstra a professor of history.

4. War, crises and explosive growth, 1932-2000

The tercentenary

Universities celebrate their centenaries. The Athenaeum Illustre had upheld this tradition in modest fashion in 1732 and
1832. In the course of the nineteenth century, the custom had
also emerged among student societies of seizing upon every
five-year anniversary of their university to hold parties and
processions, in which almost every student would have taken
part. Now that the tercentenary could be celebrated in 1932,
the city authorities, the university and the students wanted to
make a grand occasion of it. But whose anniversary was it, in
fact? The Athenaneum no longer existed, and it was common
knowledge that the UvA was one of the younger universities.
The solution was not long in coming. Between Monday 27 June
and Friday 1 July, the tercentenary of Amsterdam's 'Institution
of higher education' was celebrated in splendid style.

The high point came on 28 June. That afternoon, there was
a motley parade of 160 representatives of academies of science,
universities and colleges from the Netherlands, the Dutch
East Indies and 33 other countries (including Japan, Australia,
British India, New Zealand, Canada and the United States),
most in colourful official robes, joined by around one hundred
professors and emeriti from the municipal university in their
black gowns, across the entire length of the Museumplein
to the Concertgebouw. There, the rector magnificus Paul
Scholten gave a commemorative speech, concluding with the
awarding of honorary doctorates to Mayor Willem de Vlugt,
the ship-owner Ernst Heldring, and Henri Polak, a nature
and urban conservationist and previously a successful trades
union leader. Four hundred guests then enjoyed a dinner in

Professor Derkje Hazewinkel-Suringa was one of the professors who stood their ground during the occupation and was consequently dismissed by the occupying forces. Photo c. 1940.

Artis. Around midnight, those who still had the energy made their way in a torch-lit procession to the Corps clubhouse.

The university also gave receptions, there was a party for all students, the municipality treated its guests to a boat trip and a concert by the Concertgebouw orchestra, laboratories and clinics opened their doors, the Corps organised games for the city's young people, Jean Cocteau's mime *Le boeuf sur le toît*, with music by Darius Milhaud, was performed by members of the student drama society and the student orchestra for Amsterdam's citizens, the Rijksmuseum hosted an exhibition on Rembrandt, private individuals organised a large-scale, open-air performance in the Olympic Stadium, and there was much more besides.

With these celebrations, the city and its citizens demonstrated how important they considered the university to be. The university had shown its guests from the Netherlands and abroad the extent of its prestige, and, with its honorary doctorates, how much it valued good relations with society.

Finally, the students had demonstrated how socially engaged and worldly-wise they were.

Crisis

The celebrations formed a temporary diversion from troubling developments. The stock market crash in New York in October 1929 had heralded the start of a deep global economic crisis. In Germany, this crisis had provoked great political unrest. Its effects had not been felt immediately in Amsterdam, but by 1931 10 per cent of the labour force was unemployed, after which the figure only increased. On retiring as rector in September 1932, Paul Scholten had to note that there had been no word of a new university building, the construction of a surgical clinic had been delayed, the extension of the University Library had been put on hold, and the construction of a physiological laboratory postponed. In 1935, two laboratories were built, for which the credit had already been granted in 1930. At that time, no one suspected that these would be the last institutes that the city would build for its university.

As unemployment was also high among university graduates, uncertainty grew about the nature and utility of higher education. People began to ask whether the emphasis on giving students a scholarly education had not left the degree programmes too one-sided. In any case, the business world was not looking for scientific researchers. Like most of his colleagues, the Utrecht-based chemist Hugo Kruijt strongly believed in the educational value of research. During a visit to the United States in 1927, however, he realised what was lacking in Dutch universities. In his view, the universities identified scholarly education with preparing students for roles in society for which a scholarly training was needed. This meant that the education of the middle ranks of society was being neglected. In the United States, this need was being

served by four-year Bachelor's programmes, with only 20 per cent of students going on to study in graduate schools. In his 1931 brochure *Hooge school en maatschappij* [Higher education and society], Kruijt made the case for reform along these lines.

Kruijt's ideas found a receptive audience among Amsterdam's students. Indeed, they took the problem of the relationship between university and society much more seriously than their professors. Wasn't their education much too specialised, and shouldn't it be more geared towards professional practice? This debate about university teaching and the American example would be given an impetus during the occupation and would remain a permanent feature.

The occupation

The UvA did not escape the suffering of the period between 1940 and 1945. In November 1940, the occupying forces ordered the suspension of all Jewish civil servants. At the municipal university, this was the fate of nine professors, three lecturers and 37 other members of staff; more than all the other universities and colleges of higher education put together. They would be dismissed in 1941. In the meantime, a *numerus clausus* was announced for students with two or more Jewish grandparents. In order to be allowed to continue studying, these students had to submit a request to the Ministry of Education before 1 April 1941. Three hundred and sixty-nine UvA students handed in such requests, 213 of which were granted. Regardless of this, these students – at least, those who had not yet graduated – were also denied access to the university as of 1 September 1942. As the war progressed, 19 Jewish members of staff and 139 Jewish students were killed in German camps.

With every order from the occupying forces, the university community faced a dilemma. Should they protest, close the university, or continue to work for better or worse? In Delft, a

student strike was immediately announced when it became known that the Jewish professors had been suspended. The students in Leiden followed their example, after Professor R.P. Cleveringa protested against the discrimination on behalf of Leiden University in a packed university hall. The occupying forces thereupon closed the Delft College of Technology and Leiden University. The college was re-opened after three months, but Leiden University remained closed, and its students had to wait a year before they were allowed to enrol elsewhere.

At the municipal university, there was neither protest nor a student strike. Formulating a protest was left to the individual professors. To the extent that this was expressed, it was limited to the privacy of the lecture rooms. The Amsterdam Corps had wanted to go on strike, but as it lacked the authority of the student societies in the smaller student towns, the momentum was lost.

Every new intervention by the occupying forces provoked heated debate in the professors' meetings. Time and again, a majority wanted to keep the UvA open in the interests of the students and the future of the country. The dismissal of those who wanted to make a demonstrative gesture showed that the content of the discussions was being passed on swiftly to the German authorities. In the course of the war, eighteen of the remaining eighty professors and a few lecturers and assistants were sacked on political grounds. It did not help that after the February strike of 1941, in protest against the raids on Jews, the incumbent mayor was replaced by a pro-German mayor, who thereby also became president of the governors. He ignored requests for dismissal and put the lecturers under pressure to keep working.

The professors' tendency to limit their role to the scholarly education of their students, rather than being moral leaders, now proved a deficiency. The students had to decide by themselves. Should they abolish their associations when Jews were no longer allowed to be members? Should they sign the

'declaration of loyalty' in the spring of 1943, whereby continuation of one's studies was made conditional on pledging not to undertake any action against the German Empire, the German Army or the Dutch authorities? Should the great majority who had not signed report for forced labour in Germany? Most students managed to get by and make the 'right' choices, but the reticence of many professors gave rise to bad feeling.

From September 1943, the university was open only to the 'signatories' of the declaration of loyalty, and from September 1944 even they could not attend. Enrolment was closed, although the university remained open throughout the war. During those final two years, a substantial number of students who had not signed continued their studies at a clandestine university, set up by the students with help from the staff. Another group of students joined the resistance, with the sad outcome that no fewer than sixteen students died in fighting and acts of resistance, forty students and three members of staff were shot, and another four members of staff and twenty students died in prisons, penal camps or concentration camps. Just like the city, the UvA emerged from the war badly scarred in many ways.

A new spirit

The prestige of VU University Amsterdam and the Catholic University of Nijmegen had been less battered by the war than that of most of the public universities. They formed moral communities of professors and students with the same beliefs, norms and values. The professors enjoyed a prominent position in these religious communities and had automatically assumed the role of moral leaders. As a result of their actions, virtually no one had signed the declaration of loyalty at VU University Amsterdam or in Nijmegen.

The state universities looked on with envy. At the UvA and Groningen in particular, this provoked calls for a comparable

moral community, a *civitas academica* of professors, staff, students and graduates, in which the professors would once again take responsibility for the education of the students in a broad sense. Immediately after the war, the declaration of loyalty became the benchmark for those who belonged to this community and those who did not. Students who had signed were banned from studying for some time, and those professors who had encouraged students to sign were reprimanded.

In Amsterdam, the academic community took the form of the Civitas Academica foundation. In the course of time, a number of foundations were subsumed into Civitas, including the university's doctors, student accommodation, student canteens, sports facilities and the university paper, *Folia Civitatis* (later known as *Folia*). Civitas thereby became an instrument for implementing the task that the university had taken upon itself after the war: to provide for the wellbeing of the students.

The students expressed the yearning for a community by founding the General Students' Union of Amsterdam (Algemene Studenten Vereniging Amsterdam, ASVA). During the war, people had realised how important it was to be able to reach every student in a city that was so large that social checks on students were impossible. The ASVA wanted to unite all students and involve them in the academic community. The post-war students did not prove so enthusiastic, however. Pre-war student societies were revived and flourished again, while the ASVA became a student parliament with little influence. Only in the course of the 1960s would it make its impact felt again.

The efforts to create an academic community were linked to the initiative to found a faculty of social and political sciences. This 'seventh faculty' was meant to contribute to the university's social utility by studying societal problems and strengthening democracy. It would also educate a group of politicians, trades union leaders and public servants who would serve as a moral compass for society. The left-wing views of the new professors to be appointed to the faculty,

particularly those of the political science professor, caused a great fuss. The Catholic Minister of Education, J.J. Gielen, refused to confirm the appointment of three of the four professors. He assented only after the city council had exchanged the political scientist Jef Suys, who was seen as a Communist, for Jan Barents, who, as a socialist, was considered more acceptable. The faculty was opened in 1947.

The attempts to create an academic community were nevertheless met with scepticism among many professors. With a few mocking words, rector magnificus J.J. van Loghem had made short shrift of the idea in September 1945. In his view, it was inappropriate, when hiring professors, to consider their world-view, their character and their suitability for the moral, philosophical, social, political and physical education of the students. Students did not come to university to be educated, but 'to educate themselves'. When it came to professorial appointments, academic quality remained the key.

Towards a new status

Prompted by the good reputation that the Dutch Reformed Church had built during the occupation, for the first time in half a century the city council appointed professors to the programme for training Reformed pastors. The university now had seven fully-fledged faculties; and this was badly needed, because scientific practice in the Netherlands had fallen behind as a result of the occupation. Scholars in occupied regions had been deprived of international journals, and there had been no money and no opportunities for new research. In order to stimulate fundamental research, in 1947 the government founded the Netherlands Organisation for the Advancement of Pure Scientific Research (Nederlandse Organisatie voor Zuiver-Wetenschappelijk Onderzoek, ZWO), and the 1950s saw large-scale investment in academic teaching

and research. A second college of technology was founded in Eindhoven, and there was soon talk of a third. Furthermore, from 1948 onwards, the non-state universities received a governmental grant for 65 per cent of their building and operational costs, so that they could build the legally required but expensive faculties of medicine and (in Nijmegen – VU University Amsterdam already had one) of natural sciences.

During this period, the UvA had to look on as it lost ground. Shortly after the war it had expanded rapidly and, with over 7,000 students, it had become the largest university in the country. In 1954-1955, 30 per cent of all Dutch students were enrolled at the municipal university. Five years later, however, the figure was only 18 per cent. In 1947, Minister Gielen had announced that he wanted to bring an end to the 'abuse' constituted by the municipality's 'privileging' of the UvA. He was aided in this by a lack of vision regarding the university's development on the city council. The greatest problem, however, was that Amsterdam was no longer allowed to build for its rapidly expanding university. During the reconstruction period it was not the municipality, but central government, which determined what could be built and for how much. Priority was thereby given to the city's infrastructure and housing, not the university.

After the appointments affair on the founding of the seventh faculty, state funding for the municipal university was taboo for a time. Driven by the fear of falling behind the other universities, an about-turn was made in 1954, under pressure from the professors. In September of that year, the rector magnificus speculated publicly whether it wouldn't be reasonable for the government to cover part of the costs. In his view, the municipal university was governed frugally and the cost per student was lower than elsewhere, but it would not be possible to avoid large expenses.

Shortly afterwards, talks began with the Minister of Education, J.M.L.Th. Cals. The outcome was that as of 1961, the state

assumed 95 per cent of the costs. In return for this, the city no longer had the right to appoint professors and lecturers. The UvA nevertheless remained a municipal university. The mayor and the alderman for education were given an official role on the board of governors, while the city council appointed three of the six other governors and the municipality covered the remaining 5 per cent of the costs. As of 1 November 1970, the state took over the financing of the university in its entirety.

Growing pains

After the war, student numbers repeatedly surpassed predictions. In 1963-1964, the first batch of post-war baby boomers would go to university, and 56,000 students were expected in 1970. The actual number would be 103,000.

The baby boom was not unique to the Netherlands; the same occurred in large parts of Europe and in the United States. In all of these places, a much larger proportion of young people were attending secondary school and then university than before the war. Every country was seeking a solution to this *explosion scolaire*. In France, higher education was restructured and access widened. In addition, *grandes écoles* were founded with stringent entrance requirements. In Germany, new universities were founded. In Belgium, the universities were given an opportunity to open branches, and a few new 'institutes of higher education' were introduced. As a consequence of the linguistic conflict, two new universities were also founded nevertheless: the Université Catholique had to move to Louvain-la-Neuve in order to make room in Leuven for the Katholieke Universiteit, and in Brussels, a Vrije Universiteit appeared in addition to the Université Libre. In England, new universities and technical colleges were constantly being founded. By 1997, the country had 115 universities.

The Dutch government wanted to make do with expanding existing universities and colleges until every university had almost all of the faculties, and a third college of technology was founded in Twente. This strategy proved insufficient, however. In 1973, a merger between the Netherlands School of Economics and the Rotterdam medical faculty led to the founding of Erasmus University Rotterdam. The medical faculty in Maastricht, which had opened in 1974, was expanded to become the state university of Limburg, now Maastricht University.

In 1964, the UvA already had 10,000 students. The board of governors was thus forced to consider how large the university could become. Due to the growth, nurtured by scientific developments – new chairs and new lectureships were being founded almost every month – the university would soon need new buildings. But for how many students should these be built? For 15,000 students, perhaps 35,000, or even 75,000?

In Amsterdam, it was assumed that the ministry was thinking in terms of a maximum of 15,000 students. In 1960, construction had already begun on new buildings for the exact sciences on Roeterseiland. In order to build a new university hospital with accompanying laboratories, people considered replacing the then Wilhelmina Gasthuis hospital or building a new hospital in the Slotervaart neighbourhood. A third possibility, in Bijlmermeer, which was then not yet part of Amsterdam, was later considered. The plan for the other faculties was explained in person by the alderman for Public Works, Joop den Uyl, in 1964. He wanted to build a massive complex, with an average height of 21 metres, stretching from the Oudemanhuispoort to the University Library. Should the university eventually have more than 15,000 students, he would not rule out the founding of a third university in Amsterdam.

This vision fitted seamlessly into Den Uyl's plan for transforming Amsterdam into a modern city; a Manhattan on the Amstel. He wanted to demolish the nineteenth-century districts to make way for office blocks for companies,

surrounded by a ring of suburbs. Nothing came of these plans. The university could not wait, and bought or hired dozens of large and small premises. Even more important was the movement that arose in the city in opposition to the large-scale demolition plans proposed by Den Uyl and his successors. In a few years' time there would be a complete reversal of the mood, in favour of preserving the traditional city.

Turbulent years

This reversal was one of the consequences of the cultural revolution that swept the Western world in the 1960s. This anti-authoritarian movement gave birth to a students' movement that spread from the United States to France and Germany. Student riots in France in 1968 were followed by mass strikes, and in Germany protests ended in violent confrontations.

In the Netherlands, the Students' Union Movement (Studenten Vakbeweging, SVB) was founded in Nijmegen in 1963. The SVB wanted societal recognition of students as 'working' young people and for students to have a greater say in universities. Student participation in demonstrations against American bombing in Vietnam contributed to the politicisation of the SVB. Beyond Nijmegen, the movement gained momentum especially in Tilburg and Amsterdam, where the ASVA became its mouthpiece and the movement – inspired by the Provo movement – became more active. The small anarchist group of 'provos' had challenged the authorities with 'happenings' on Spui and other disturbances, attracting a lot of publicity at home and abroad. The Provo movement gathered a following because it showed how easily the authorities could be knocked from their pedestal. Equally important was undoubtedly the fact that the Provo movement challenged every form of class-consciousness. As provos, students and working-class lads had together contrived and carried out the

happenings. For the students, who until then had been keenly aware of class, this was new. For the first time, they wanted to stand in solidarity with other young people, students or not.

The five-day occupation of the Maagdenhuis in May 1969 is seen as *the* symbol of student protest against an authoritarian-governed university. Despite this, a month beforehand, students had already occupied the main building of the Catholic College in Tilburg, protesting against the board's rejection of greater democratisation. Moreover, the academic world had long been convinced that the then form of governance, headed by boards of governors for whom this administrative work was a side-role, was out of date. Some at the UvA had been thinking since 1965 in terms of a professional board, similar to what would later become the executive board. After much discussion at every possible level, the Minister of Education had announced a memorandum on administrative reform in 1968.

Many elements of the University Administration (Reform) Act (Wet universitaire bestuurshervorming, WUB) had thus been in circulation before and at the time of the occupation of the Maagdenhuis. The act provided for a university council that consisted of representatives from the academic staff, the non-academic staff and the students, all chosen by their departments. This council was the most senior governing body. The implementation of its decisions was analogous with the relationship between the city council and the bench of mayor and aldermen with a five-person executive board. Every faculty likewise got a faculty council and a faculty board. The act came into force at the UvA on 1 May 1971, and with this, the city's contribution to the university ended.

Controversial governance, controversial disciplines

The students were given so much more than they had asked for. But for the ASVA, which had emerged from the occupation of

the Maagdenhuis as the most important student party, it was no longer enough. The ASVA dominated the student faction on the university council and distrusted the executive board, as did part of the Progressive Personnel faction. As a result, the meetings of the university council frequently degenerated into suspensions, arguments and heated debates about motions of no confidence, procedural issues and motions in which the council had to take a stand against everything that was wrong in the world; and that was not inconsiderable, in the view of the ASVA's members.

According to this high-profile group of students, there was also much that was wrong within the university, especially in the social sciences. As had once been the case with the faculty of economics, with social sciences, the UvA had wanted to gear its research more towards society. But just as with economics, the professors had primarily wanted to show the scholarly nature of their discipline in order to be taken seriously by their colleagues. After all, scholarly education was the norm. A canon was thereby constructed of what social science entailed, and what the students should know and be able to do.

Just as in other countries, a 'swing away from science' had taken place in the Netherlands. The numbers of students studying the arts and social sciences had grown enormously, including at the UvA. These students wanted scholarship to serve society, by which they mostly meant the emancipation of the 'working classes' in the battle between 'labour and capital'. They called the canon in the social sciences and in more recent branches of the arts into question, for which they had the support of sympathetic young members of staff. This led to conflicts with professors, who refused to discuss the material addressed in their lectures, or the lack of attention paid to Marxist perspectives on the material, or the one-sided reading lists. This one-sidedness concerned both the nature of the literature and the fact that the students contributed less than they would have liked to the composition of the reading lists and deciding

on the teaching programme. Such situations usually escalated rapidly. The activists were not deterred by intimidation and one occupation followed another. In the 1970s *Folia* reported 29 occupations, and in the 1980s there were another 24.

Adult education theory had not even developed a canon when the programme suddenly became very popular. In the press, specialists in adult education had to take the rap for their very broad interpretation of what they considered to be scholarly work. This proved fatal for adult education theory when the Minister of Education, W.J. Deetman, launched his 'Division of tasks and Concentration [taakverdeling en concentratie]' operation in 1982. Deetman wanted the universities to build distinct profiles and to stop teaching every discipline, thereby allowing savings to be made on balance. In something akin to a game of 'happy families', in which every university had to divest itself of some faculty or another, after endless consultation rounds the UvA abolished pharmacy and adult education theory, while geology was transferred to VU University Amsterdam – where only some of the staff were actually employed. In a separate development, whole disciplines and courses were axed. The environmental research group was privatised, for example, and finally abolished twenty years later. Translation studies disappeared, as did the training for pastors. Of the former faculty of theology, only religious studies remained.

The restoration of calm

The unrest did not stem the flow of students. In 1979-1980, the UvA had almost 25,000 students. The composition of the student population was also changing. For a long time, female students formed a small minority, but around 1985 they formed the majority of first-year students. Five years later, this was also true of the total number of students.

Around 1980, the ASVA had become isolated from its supporters and represented just 1 per cent of students. Most students had turned their backs on university politics. In the following years, a new professionalism would become predominant at the UvA, starting with the executive board. The damage had already been done, though: as a result of all the conflicts, arguments, occupations and other incidents, the UvA had developed a bad reputation.

The controversial board and the unclear power structure had led to significant financial deficits and various wrongdoings. Whilst the UvA had been the subject of questions and debates in the Lower House before, in 1996 an extremely curious case arose. Publications in *Folia* had shown that the UvA employed a 'phantom professor', with whom it had been agreed in 1988 that he no longer needed to teach or turn up at work. Upon further inquiry, it emerged that in the 1980s the university had had around sixty employees who never appeared and never worked, but who could not be dismissed. In 1996, eight employees were still being paid from what had by then become a centrally administered 'phantom fund'.

In the meantime, in part of the university, research continued through the most turbulent years virtually undisturbed. The successful project-based model that was used for research in medicine and the natural sciences was imposed by the Ministry and the scientific agencies on the social sciences and humanities, where research had been an entirely individual activity. With the introduction in 1983 of so-called conditional funding (of research projects), the project-based approach to research was also followed in these faculties. Eventually, research institutes and research schools were established in every faculty. These institutions were not only imposed, but they also gave rise to a new zeal for research and a heightened level of ambition. This can be seen from the number of doctoral examinations, which has risen sharply across the whole university since the 1960s.

A focus on teaching

Until the introduction of the WUB, teaching had been as individual an activity and responsibility as research. Every professor fulfilled a teaching role, but they seldom worked together. Only in theology and medicine had there traditionally been curricula that allowed for progression over the years. The other faculties merely made a distinction between courses for the *kandidaats* and *doctoraal* degrees. With which lectures should first-years begin? What requirements were set for examinations? When should examinations or tests be sat? Which books should one read? No arrangements were made on such matters; instead, older students advised first-years on how best to organise their studies.

At the end of the 1960s, in an attempt to reduce the study duration and counter the high drop-out rate, more attention started to be paid to the quality and effectiveness of university education. The availability of academic staff made it possible to improve the teaching. Working groups were set up, to which students were expected to contribute. Fixed examination times were introduced, and there were descriptions of what students should know and be able to do for each lecture or study period. All of this was intended to bring the study duration back to four to six years, depending on the degree programme. Although the quality of teaching improved, this did not lead to lower drop-out rates or a much shorter study duration.

The Two-tier Structure Act (*Wet tweefasenstructuur*) of 1981 was an attempt to force through a shorter study duration while simultaneously allowing the universities to process more students. Following the Anglo-American example, the idea was that the first phase of study would last four years, after which a small group would specialise in a second phase. The second phase was cut back, however; in the Minister's view, the aims of scholarly education would be met nevertheless,

because it was not necessary for students to do research themselves. It would be enough if they were to come into contact with research and their lecturers had sufficient scholarly qualifications.

This represented a serious narrowing of the ideal of scholarly education. The universities refused to accept it and continued down the path of specialisation. In most faculties, specialisation in the form of a major began after one or two years. The universities therefore created room for students to do some research after all. Given the massive student numbers, however, this proved a difficult task, especially in view of the fact that drop-out rates did not fall and the study duration did not become shorter.

Universities, academies and colleges of higher education

In the seventeenth century, when a pupil had successfully completed his education at Latin school, it was said that he had 'been promoted to the academic classes [*gepromoveerd tot de academische lessen*]'. This referred to the classes at a university or other institution of higher education. Academies of science as we know them today did not exist in the Republic. The Royal Holland Society of Sciences and Humanities was the first such academy to be founded, in 1752. It was a society of scholars and amateurs who wanted to educate citizens in developments in the sciences. Today's Royal Netherlands Academy of Arts and Sciences grew out of the Royal Institute of Sciences, Literature and Fine Arts, founded in 1808.

Until the twentieth century, no distinction was made between 'universities' and '*hogescholen* [colleges of higher education, comparable to the German *Hochschulen*]' when referring to universities, although the *hogeschool* became a separate educational category in 1905. The first *hogeschool* was the College of Technology in Delft, which became an institution of higher education in the same year. This *hogeschool* had the right to hold doctoral examinations, just like later *hogescholen* of its kind: the Rotterdam School of Commerce (1913, later renamed the Netherlands School of Economics); the Agricultural College in Wageningen (1917); the Catholic School of Economics (1927, later renamed the Catholic University Tilburg); the College of Technology in Eindhoven (1965) and the College of Technology in Twente (1963). The degrees that were awarded at these *hogescholen* had the same status as university degrees. But they were not universities, because they did not have the five classical faculties that were prescribed by law.

Erasmus University Rotterdam was founded in 1973 as the result of a merger between the local *hogeschool* and a medical faculty. The other *hogescholen* were granted the status of universities in 1986. Their places were taken by what had previously been vocational training colleges (*scholen voor hoger beroepsonderwijs*), which were now permitted to call themselves *hogescholen*.

5. The university as a large-scale enterprise

City and university

Amsterdam had changed and the university was changing. From the 1960s, there was an exodus of families from the old city. After many large businesses also left the city centre, service-sector enterprises such as advertising and consultancy firms set up shop there, and more recently, restaurants and shops and small businesses catering to tourists in particular.

The universities also left the city, at least in part. VU University Amsterdam built a campus in Buitenveldert. The UvA transferred all of its medical and biomedical courses to the hospital in Amsterdam-Zuidoost, the Amsterdam Medical Center (AMC). The sciences were grouped in the Science Park in Watergraafsmeer. Roeterseiland became home to economics, law and the social sciences, and the humanities were clustered around the Oudemanhuispoort and the Binnengasthuisterrein. The UvA has thus kept the majority of its almost 5,000 employees[2] and its largest faculties in the city.

As a result of these shifts, today's cityscape is dominated by tourists and young people. Students form a significant proportion of these; in 2015, the higher professional degree programmes at the Amsterdam University of Applied Sciences had 46,764 students, VU University Amsterdam had 22,897, and the UvA had 30,611. Thus altogether, the city's institutions of higher education have more than 100,000 students. These enormous numbers have had an impact on the city. For many years a large city with students, Amsterdam is now

2   This does not included the staff of the Faculty of Medicine and the AMC.

UvA students and lecturers occupy the Maagdenhuis, the UvA's administrative centre on Spui. The students and members of the public are listening to a lecture in the main hall. Photo © Paul van Riel / Hollandse Hoogte.

a student city with a flourishing catering sector and a large and varied offering of film, music and theatre. But Amsterdam also experiences tensions between the residents of student houses and neighbouring residents. These tensions between 'town and gown' are as old as the university itself.

Government at a distance

The changes at the university are partly related to the upswing in the number of students. They are also partly due to globalisation, and the related need for equivalence in the academic degree systems used in different countries. And they are partly the result of a new governmental approach.

After the Second World War, the government believed that its role was to ensure a university-educated population. It invested in higher education, scientific research, and a

system of student grants and interest-free loans. Today, the government merely sets targets and sees itself as responsible only for the functioning of the higher education system. An EU agreement, for example, states that by 2020, 40 per cent of 30-34-year olds should have successfully completed a higher education programme. In the Netherlands, this target was reached in 2011, with 41 per cent. But responsibility for this level of education has been devolved to the individual citizen. Tuition fees have risen and students now have to take out loans in order to pay for their studies. Universities have become responsible for the quality of their teaching and research. Every few years, committees of experts assess the quality of each faculty or discipline.

Finally, the government believes that the universities should compete with each other for students and for the available research funding. It therefore funds universities in proportion to the numbers of degrees awarded. This is meant to stimulate faculties and degree programmes to improve their educational offering in order to attract and retain students. In practice, it means that the programmes are being made as attractive as possible and that the universities resemble one another even more closely than they did in the 1960s. No university can afford to pass by an attractive teaching model or a new degree programme that draws in large numbers of students. In other words, the very opposite of what the minister intended has occurred.

A similar development is threatening research. Since large sums from university research budgets have been transferred to the Netherlands Organisation for Scientific Research (Nederlandse Organisatie voor Wetenschappelijk Onderzoek, NWO), faculties hardly have money for research anymore. Individual researchers must therefore compete with one another for funding from the NWO, European funding bodies or other parties, such as businesses, foundations and governments. The theory is that this will result in research

that is more focused on societal demand. The risk is that mainly those research proposals are honoured that reflect prevailing fashions.

The quality of teaching and research at the UvA has nevertheless remained high. In two of the best-known international rankings, the UvA even comes top out of the classical Dutch universities. It is striking that in addition to natural science, psychology and linguistics, it also excels in the once-controversial and much-criticised field of social sciences.

Bachelor's and Master's

In 1999, 29 ministers of education agreed in Bologna, Italy, that by 2010 at the latest, a system of equivalent academic degrees would be introduced that would be recognised in the entire European Higher Education Area (thus not only in the European Union). This became the so-called Bachelor's-Master's structure, based on the principle of a labour-market-oriented phase lasting at least three years, concluding with a Bachelor's examination. If they so desired, Bachelor's graduates could continue their studies to obtain a Master's degree.

This system was introduced in the Netherlands from 2003, replacing the propaedeutic, *kandidaats* and *doctoraal* examinations. This was a milestone after three quarters of a century of debate about the British, and in particular the American, system of higher education, which now played a leading role due to its significant scientific achievements. At one time, Dutch and other major scholars had been invited to give lecture tours in the United States. They had drawn halls packed with American colleagues, who had come from far and wide to listen to them. Today, the most famous American universities, just like Oxford and Cambridge, are a Mecca for scientific practice in many disciplines. The UvA's

administrators also became interested in the organisation of American universities and forged an alliance with Columbia University in New York for exchanges of students, lecturers and researchers. For a time, the UvA even had an 'Amsterdam House' in the city, for accommodation and a place to meet.

With the introduction of the Bachelor's and Master's examinations, the existing structure of education in the Netherlands – with a one-year propaedeutic phase followed by three years of specialisation – was turned on its head. Now students begin with a three-year general programme on their chosen subject, followed by a one or two-year specialised Master's programme. This has again reduced the possibilities for scholarly education. For this reason, when it comes to the Bachelor's examination, people nowadays prefer the term 'academic education'. The term 'scholarly education' is more applicable to the research Master's and the doctoral degree.

There is no system of broad general education for every student such as that in the American liberal arts colleges. Most Bachelor's programmes have remained relatively narrow and offer courses only in the chosen discipline. Students can opt for interdisciplinary Bachelor's programmes, however, such as Liberal Arts and Sciences; Politics, Psychology, Law and Economics (PPLE); or for Amsterdam University College, which the UvA and VU University opened jointly in 2009. In doing so, they were following the example of University College in Utrecht, which was founded in 1998 with the aim of breaking through the massive scale and uniformity of university education. Just like the Utrecht College, Amsterdam University College is a liberal arts and sciences college. It has almost 900 students, 300 in each academic year, 60 per cent of whom come from the Netherlands and 40 per cent from abroad. The language of instruction is English. Through interdisciplinary teaching and a combination of compulsory courses and electives, students follow courses from various

disciplines and faculties, including after they have chosen a major in their second year that takes up half of their study time.

For and against output-driven thinking

The greater distance between the government and the universities was institutionalised in the University Government (Modernisation) Act of 1997. Every university thereby got a supervisory board that appoints the members of the executive board, something that had previously been done by the Minister of Education. The act also brought an end to democracy within the universities, although the final form of the board was left to the institutions themselves. At the UvA, the university council and the faculty councils were replaced by central and faculty works councils and student councils, which made recommendations on all major decisions. These councils must give their consent to reorganisations. The university and faculty councils at other universities may have somewhat different competences.

Each faculty at the UvA is under the one-person management of a dean, be it that some of his competences are delegated to faculty directors and operational management. Furthermore, each faculty has teaching institutes, research institutes, colleges and graduate schools, each with a director.

The consequences of this restructuring did not immediately become clear. Initially, the board members, deans and directors (often professors or associate professors) continued to work in the democratic way they had always done, with support from their colleagues on the 'shop floor'. After ten or so years, however, a circuit of meetings developed that had much less feeling for the situation among the staff and the students. This trend reinforced a fashion that had already penetrated the management, one that stemmed from

neoliberal thinking: the 'new public management'. According to this doctrine, public institutions can operate as profitably as businesses. The government thereby views universities as societal enterprises that are less dependent on government and that have a variety of income sources. As a result, the management and administration of the universities has increasingly been dominated by concepts such as business, market, efficiency and yield.

During this period, the executive board undertook a few high-profile initiatives that were not successful in every respect. The first was the collaboration between the UvA and the Amsterdam University of Applied Sciences (AUAS). The aim was for students who did not know what they wanted to study to find themselves on the right course at the UvA or the AUAS within one year, thereby avoiding unnecessary drop-out by students. The most practical option appeared to be for the UvA and the AUAS to merge into one large institution of higher education. When this proved legally impossible, in 2003 a four-person board was appointed to govern the two institutions. In practice, however, the cultural differences proved too great. Partly as a result of this, little came of the jointly offered courses, and the progression of students from the AUAS to the UvA or vice versa was disappointing. After an evaluation of the partnership in 2016, the decision was made to end the administrative staff union.

At the same time, work was underway on a close partnership or even a merger between the UvA and VU University Amsterdam. This was by no means an idea out of the blue. The Academic Dentistry Centre Amsterdam, which combines the dentistry faculties of VU University Amsterdam and the UvA, has existed since 1984. With the AUAS as well, a university would have been created that would have been one of the largest in Europe. The plan foundered in 2011, however, due to lack of support within the UvA. A subsequent attempt to merge the science faculties of VU University Amsterdam and

the UvA met with resistance from the works council and the student council. The two faculties are now working together on teaching and research.

Not long afterwards, it became clear that discontent was also lurking elsewhere. In the humanities faculty, several reorganisations had been carried out in a short period, and in the autumn of 2014 a financial deficit also came to light. In order to combat this, a radical plan of cuts was launched. Degree programmes that attracted too few students to be cost-effective would lose their independence or even disappear. The students rose up in protest against this, and in early 2015 occupied one of the faculty's buildings, the Bungehuis. There was a broader thrust to the demands and wishes of these students and some lecturers than the cuts at the Faculty of Humanities alone; the protests concerned output-driven thinking in general, and more democracy at the university.

Shortly after the occupation of the Bungehuis ended, the Maagdenhuis was occupied for the umpteenth time. Just like the first time, there was great interest from the public. Were the occupiers voicing a general discontent, as they had been in 1969? Was this the start of a new 'revolution' in the academic world? Strikingly, the situation at other universities remained relatively peaceful. Furthermore, none of the groups campaigning in and around the Maagdenhuis, such as Rethink UvA, De Nieuwe Universiteit and Humanities Rally, published a pamphlet of demands or a programme. As a result, the demands remained vague and cursory. But the student protests did have a major impact, and led to the departure of the chair of the executive board. In 2016 the supervisory board also resigned, on the grounds that it had lost the confidence of the works council and the student council. The future will tell whether the occupations and their aftermath will have further consequences.

Studying today

The purpose of the university today remains the same as it was in the 1980s, when it was defined in law as providing students with a scholarly education, conducting scholarly research and training researchers. It should also pay attention to students' personal development and promote their sense of societal responsibility.

With current student numbers and the ambition to achieve maximum pass rates, Bachelor's programmes have almost become an automatic extension of the highest level of secondary education in the Netherlands (VWO). For no one is this clearer than for the students, who refer to 'school, classes and teachers' when they mean 'university, lectures and lecturers'. So as to have as many students as possible gain their degrees within the nominal study duration, university teaching is much more structured than it used to be, with regular assignments and tests. At the same time, these programmes offer inquisitive and enterprising students the opportunity to combine courses and components from other degree programmes and faculties.

Despite their full study programmes, students' associational life has blossomed again since the 1980s. Today there are around 25 student societies, in addition to the many faculty and study associations. Other students combine their studies with a more or less serious job. Most of them take care of their own personal development within or beyond the university, as they always did.

The educational level of the population will undoubtedly rise as a consequence of the expansion of higher education, and this is a great good. With its research Master's and doctoral places, the university also continues to produce high-quality scholars. Furthermore, with its executive Master's and dual Master's, it is offering specific programmes targeted at professional practice. But is the university doing enough for the general education of future leaders in other parts of

society? University College may be fulfilling this function, but shouldn't future elites receive training in the form of a two-year Master's? Shouldn't a relatively small group undergo a process of selection, which would make them aware of their special role? The university could give this group an education focused on leadership. In so doing, it would contribute to the training of continually innovative elites, in a way similar to that anticipated by Amsterdam's city council back in 1877: through the dissemination of taste, learning and civilisation, but with contemporary means and a view to the future.

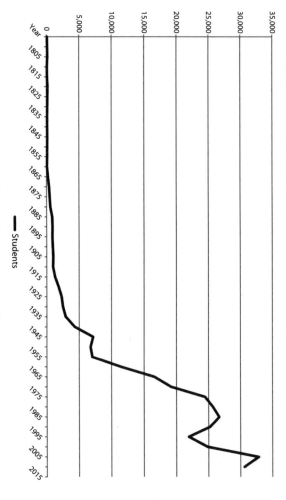

The number of students at the Athenaeum Illustre and the University of Amsterdam, 1800-2015

Between 1800 and 2015 the number of students has grown exponentially.